名人小时候的故事

实现梦想的力量

李树芬 谭海芳 / 主编

中国少年儿童新闻出版总社
中国少年儿童出版社
北京

图书在版编目（CIP）数据

实现梦想的力量 / 李树芬，谭海芳主编 . -- 北京：中国少年儿童出版社，2025.1.--（名人小时候的故事）. -- ISBN 978-7-5148-9249-9

Ⅰ . K811-49

中国国家版本馆 CIP 数据核字第2024ZN5034 号

SHIXIAN MENGXIANG DE LILIANG
（名人小时候的故事）

出版发行：	中国少年儿童新闻出版总社 中国少年儿童出版社
执行出版人：	马兴民
责任出版人：	缪 维

策划编辑：白雪静		主编：李树芬 谭海芳	
责任编辑：白雪静		绘：刘 卓	
版式设计：王点点		责任印务：厉 静	
责任校对：夏明媛			

社　　址：北京市朝阳区建国门外大街丙 12 号	邮政编码：100022
编辑部：010-57526379	总 编 室：010-57526070
发行部：010-57526608	官方网址：www.ccppg.cn
印刷：河北赛文印刷有限公司	
开本：720mm×1000mm　　1/16	印张：10
版次：2025 年 1 月第 1 版	印次：2025 年 1 月第 1 次印刷
字数：100 千字	印数：1—5000 册
ISBN 978-7-5148-9249-9	定价：39.80 元

图书出版质量投诉电话：010-57526069　电子邮箱：cbzlts@ccppg.com.cn

目 录 CONTENTS

立志写兵书的少年 —— 孙武	1
半工半读的才子 —— 陶渊明	7
做一个出类拔萃的人 —— 杜甫	14
立志读遍人间书 —— 苏轼	21
爱书如命的小姑娘 —— 李清照	28
蒙古草原的雄鹰 —— 成吉思汗	35
游戏成真的放牛娃 —— 朱元璋	41
寻觅《梦溪笔谈》—— 宋应星	47
不愿玩物丧志的"小皇帝" —— 康熙帝	53
愿做"洪秀全第二" —— 孙中山	59
被逐出考场的父子 —— 刘伯承	66
努力实现梦想的孩子 —— 林语堂	73
立志造桥的"书呆子" —— 茅以升	79

我的"秘密花园"——茅盾	85
小书迷的创作梦——冰心	91
钱氏家训出神童——钱学森	97
诺贝尔奖不是梦——杨振宁	102
少年侠客梦——金庸	108
济世良医的大抱负——屠呦呦	114
展翅翱翔的中国少年——刘翔	120
有胆有识的安善王子——居鲁士二世	126
上帝的袜子——林肯	133
追梦少年——梵高	139
"差等生"的故事——丘吉尔	145
总会飞上天空——戈达德	151

立志写兵书的少年
——孙武

中国人

军事家、政治家

出生地：齐国乐安（今山东省）

生活年代：约公元前545年—公元前470年（春秋）

主要成就：帮助吴国成为春秋五霸之一；著作《孙子兵法》，被后人誉为"兵学圣典"

优点提炼：胸有大志，勤奋好学

我出生于军事世家，祖祖辈辈都是领兵打仗的。特别是爷爷孙书和远房叔叔田穰苴（ráng jū），都是齐国有名的大将军。大家也许要问，田穰苴姓田，怎么会是我的叔叔呢？其实，我的祖先姓陈，是陈国的公子陈完。陈完为了避祸，逃亡到齐国，子孙后代都在齐国做官，被国君赐姓田。我的爷爷因为征讨莒（jǔ）国有功，又被赐姓孙。所以，我爷爷这一支就改姓"孙"了。

我出生的那天晚上，在朝中做大官的爷爷孙书和爸爸孙凭听到消息后，都急火火地赶回家中。爷爷盼望我能快快长大，继承将门武业，就给我取名叫"武"。他还给我取了个字，叫"长卿"。"卿"是当时的一种官职，意思是希望我将来也能像他和爸爸一样，在朝中做官，成为国家的栋梁之材。

事实上我也没有让他们失望。也许是从小受到家庭的熏陶，也许是我有军事方面的天赋，总之，我从小就对军事产生了浓厚的兴趣。每当爷爷和爸爸从朝中回到家里，我总缠着他们给我讲打仗的故事，而且百听不厌。爷爷和爸爸跟别的将军们在客厅里商谈军情的时候，我总是凑过去听他们谈话，还时不时地插句嘴，发表一些自己的见解。大人们不仅不阻止我旁听，还鼓励我参与讨论。如果他们对我的发言感到满意，还会把我抱起来，用胡子扎我呢！

除了喜欢听大人们谈论军事，我还有一个爱好就是读书，特别是读兵书。我家的书房里有很多兵书，我天天看也看不完。如果遇到不明白的地方，我就去问老师，或者直接去问爷爷和爸爸。

有一次，我在书上读到这样一句话："国之大事，在祀（sì）与戎（róng）。"我琢磨了半天还是想不明白，就去向老师请教："先生，这句话里的'祀'是什么意思？'戎'又是什么意思？"

老师说："祀是祭祀的意思，戎是战争的意思。这句话的意思是国家的大事，只有祭祀与战争。"

我不解地问道："祭祀怎么能和战争相提并论，被称作国家的大事呢？"老师没有回答我的问题。

我接着说："我觉得只有战争才是国家的大事，君臣不能不认真研究。"听了我的话，老师认为我说的也有道理。

八岁那年，我进入学校接受系统的教育。当时的学校里的主修课程是"五教"和"六艺"。"五教"是指五种伦理道德；"六艺"是指六种基本科目。我觉得"五教"的内容太简单，听老师讲一遍，我就全记住了。每次听完课，其他同学总要埋头苦读，死记硬背。而我却不愿意白白浪费时间，常常偷偷跑到外面去玩。有一次，老师发现我私自逃课，认为我贪玩，就把我叫回教室，准备狠狠地责罚我一顿。老师专门从刚刚学过的一段课文里提出几个问题来考我，只要我答不上来，他就可以名正言顺地用戒尺打我的手掌心了。没想到我对答如流，答案丝毫不差。老师很惊奇，认为我有不同于常人的天赋，就不再计较我的淘气贪玩了。不仅如此，他还经常给我开"小灶"，额外教给我一些知识，我的学习成绩进步就更大了。

在所有的课程当中，我最感兴趣的是"六艺"中的"射"和"御"。"射"就是射箭的技艺，"御"就是驾驭马车的技艺。这两种技艺不

光是战场上拼杀的基本技能，也是社会竞技活动的主要项目。在我们齐国，每年九月都要举办"射""御"比赛，以便通过这种方式发现人才、选拔人才。为了学好这两门技艺，我付出了比同学们多几倍的努力，甚至到了废寝忘食的地步，很快就成了同学当中熟练掌握这两门技艺的佼佼者。

在学好学校课程的同时，我对军事的爱好有增无减。从十三岁开始，父亲就经常带着我到战场进行实地考察，大大开阔了我的眼界。叔叔田穰苴是当时著名的军事家。他见我天资聪明，志向远大，就把他自己写的一部兵书书稿送给了我。读了叔叔的兵书之后，我深受启发，决心将来也写一部名垂青史的兵书。

后来，齐国发生内乱。我为了躲避战乱，逃到吴国的罗浮山下隐居起来。但是，我始终没有放弃我的理想。花费了七八年的时间，我终于写出了《孙子兵法》。

延伸阅读

孙武练兵

孙武来到吴国后，把自己写的兵书献给吴王阖闾（hé lǘ，也作阖庐）。吴王读过之后，说："先生的兵书写得很精彩，能不能实际操练一下呢？"

孙武说："当然可以。"

吴王指着身边的宫女说："能用这些宫女来操练吗？"孙武点头说："行。"

吴王从宫里找来一百八十名娇滴滴的宫女，交给孙武。孙武把这些宫女分成两队，指派吴王的两个爱妃当队长。孙武宣布了军令，教给她们操练的基本动作，然后发布命令，开始操练。宫女们觉得很好玩儿，一个个东扭西转，哈哈大笑。孙武于是把动作要领重复讲了一遍。可是等他第二次发令时,两个队长和宫女们还是嬉笑不停。孙武大怒,宣布两个队长带头违犯军规,按军法应该杀头,说完,就命令武士把两个队长处死。吴王一看孙武要杀他的爱妃,急忙亲自上前求情,但是孙武没有答应。

两个队长被杀之后,宫女们见孙武说到做到,号令森严,都吓得脸色发白,再也不敢乱说乱笑了。等孙武再发布命令时,宫女们不论前进后退,都是整整齐齐,跟正规军队一样。

吴王见孙武确实有本事,就任命他为吴国大将军。

半工半读的才子——陶渊明

- 出生地：寻阳柴桑（今江西省九江市）
- 生活年代：约365年—427年（东晋末期至南朝宋初期）
- 主要成就：田园诗派创始人，作品有《饮酒》《归园田居》《桃花源记》《五柳先生传》《归去来兮辞》等
- 优点提炼：喜欢读书，崇尚自然

中国人

诗人、辞赋家

我们这个家族曾经显赫一时。我的太爷爷陶侃是东晋的开国元勋，爷爷和爸爸也是当官的。不过在我八岁的时候，爸爸去世了，家里的生活一下子陷入了贫困之中。妈妈没有办法，就带着我和妹妹回到了

她的娘家。

我的外公叫孟嘉，是一个很有名望的人。他爱读书，有学问，还喜欢到处旅游，欣赏大自然的美丽风光。

受他的影响和熏陶，我也喜欢读书和欣赏大自然。我在院子里种满了菊花，还在屋前屋后种了五棵柳树。每天我帮着妈妈挑水、劈柴、烧火过后，就扛着小锄头去地里干活儿。妈妈总让我休息，可我一点儿也不觉得累。因为一闻到泥土的那股清香，我立刻觉得神清气爽。

除了帮家里干活儿，我最大的爱好就是读书。外公给我列了一些书目，上面都是《诗经》《礼》《易》《论语》《尚书》《乐》《春秋》等儒家经典著作和《楚辞》、汉魏辞赋等文学作品。我读书有个特点，就是不抠字眼儿，只要领会意思就可以了。外公说我这是"不求甚解"。

在一个寒冬的早晨，雪花飘飘，寒气袭人。因为买不起棉衣，我穿着夏天的葛布衣衫，坐在窗前诵读《论语》。这时，有个很要好的朋友走进来，看到书桌上摆的书，嘲笑道："你怎么还在读《论语》呀？儒家那一套已经过时了！"说着，他一把抓过《论语》，把它扔在一边。

"别胡闹！"我把《论语》重新摆回到桌上，"《论语》这么经典的书，怎么会过时呢？你不是也很喜欢儒家的书吗？"

"那是从前，现在我开始研究玄学了。老子说，玄之又玄，众妙之门。只有玄学才是正宗的学问。"他见我听得入神，接着说，"先生刚给我讲完课，让我到山水之中去陶冶性情，寻找人生的乐趣。我们一起出去赏雪好不好？"

这番话听得我也有些坐不住了。征得妈妈的同意后，我们一起走出房门，漫步在银白色的世界里，果然心情愉悦。晚上，我把这件事跟外公一说，外公就说："我原本想等你把儒家经典和诗词歌赋学完以后，再给你推荐几本玄学方面的书。既然你这么感兴趣，以后也读一读《老子》和《庄子》吧。不过，儒家的书千万不能丢。记住了吗？"

见外公说得这么严肃，我郑重地点了点头。从那以后，我读书的范围更广了，志向和兴趣也发生了变化，既有建功立业的激情，又有乐守田园的愿望。哈哈，实在是矛盾啊！

在我十四岁那年，外公去世了，家里的生活变得更加拮据。但我安贫守道，丝毫不为自己的艰难处境而担忧。我每天除了侍弄庄稼和管理菜园之外，剩下的时间就用来专心读书，写的诗词歌赋也越来越有名气。正好当地换了个姓王的知县，他刚刚走马上任，听说我年纪轻轻，却很有文采，不知是真是假，就想亲自测试一下我的学识如何。

一天，我正在菜园里浇菜，王知县走了进来。我礼貌地打过招呼后，王知县眯起双眼，打量着我，说："你就是陶渊明吗？"

我说："小人正是！"

王知县坐下，看了看桌子上我写的字，点了点头，问道："我听人说你写诗写得很好。现在我出个对联，想让你对一下，好吗？"

我笑着说："请大人出上联吧！"

他向四周望了望,看到菜园里有一畦向日葵,灵机一动,说:"雏葵俯枝,小脸盘可识地理?"

我一听,心想,你这是瞧不起我呀!表面指的是雏葵,实际上是说我这么年轻,不熟识田园里耕作的事。

我看见荷塘里茁壮生长的荷苞,便张口念出了下联:"新苞出土,大朱笔熟点天文!"

来而不往非礼也。我表面上说的是荷苞,实际上是夸自己。意思是我虽然被埋在污泥里,但是一旦破土而出,就能知天文,晓地理。

王知县听了,脸上露出了惊讶之色,又说:"小孩子出言吞天口。"

这一联除了批评我刚才的口气太大之外,用字上还有非常巧妙之

处，因为"吞"字正是由"天口"两字组成的，非常难对。

我想了想，随即对出下联："老大人苦究志士心。"

这个下联表明我自己不是口气大，而是靠苦学成才。另外，在用字上也很巧妙，因为"志"字是由"士心"两个字组成的，跟上联的"吞天口"正好对上。

王知县站起来，紧紧地拉住我的手，连连赞叹道："小兄弟，你果然聪明过人，有文采，又有志气。佩服！佩服！"

我见他态度改变了，也诚恳地说："以后还请大人多多指点！"从此，我们俩成了好朋友。

过了几年，我在别人的介绍下，到官府谋了一份差事。可是没过多久，我就厌恶了腐败横行、鱼肉百姓的官场生活，不愿为"五斗米"的俸禄折腰，便毅然辞职了。我回到家里，继续过起了自耕自种、饮酒赋诗的田园生活。

延伸阅读

读书的妙法

相传一个少年来到陶渊明隐居的地方，向他求教："陶先生，我十分敬佩您渊博的学识，很想知道您少年时读书的妙法。敬请无私传授，晚辈不胜感激。"

陶渊明听后，大笑道："天下哪有学习的妙法？只有笨法，全靠下苦功夫。勤学则进，辍学则退！"

然后，他拉着少年来到稻田旁，指着一棵秧苗说："你仔细看看，告诉我，它是不是在生长？"

那少年盯着秧苗看了很久，不见丝毫变化，就对陶渊明说："没见它生长啊！"

陶渊明反问道："真的没见它生长吗？那么，矮小的秧苗是怎样变得这么高的呢？"他用手比画着水稻的高度，见少年低头不语，又进一步引导说，"其实，它每时每刻都在生长，只是我们肉眼看不出来罢了。读书学习也是一样的道理。知识是一点一滴积累的，有时连自己也觉察不到。但只要勤学不辍，就会积少成多。"

接着，陶渊明又指着溪边的一块磨刀石问少年："那块磨刀石为什么有像马鞍一样的凹面呢？"

"那是磨刀磨成这样的。"少年随口答道。

"那么，究竟是哪一天磨成这样的呢？"

少年摇摇头说："不知道。"

陶渊明说："大家天天在上面磨刀磨镰，日积月累，年复一年，就磨成这样了。学习也是如此，如果不坚持，当然看不到成果了！"

少年恍然大悟，向陶渊明行了个大礼，说："多谢先生指教。学生懂了，以后再也不求偷懒的'妙法'了。"

做一个出类拔萃的人
——杜甫

中国人

诗人

出生地：河南道巩县（今河南省巩义市）

生活年代：712年—770年（唐）

主要成就：他创作的现实主义诗歌，在中国古典诗歌中的影响非常深远，被后人称为"诗史"

优点提炼：志向远大，刻苦奋进

在我两岁那年，妈妈去世了。我的爸爸是个县令，官职不大却忙得很，没有时间照顾我。所以，他就把我寄养在洛阳的姑姑家里，每隔一段时间来看我一次。

姑姑很疼爱我，对我就像对自己的亲生儿子一样。从我刚懂事开始，她就经常给我讲故事。有一次，我晚上睡不着觉，就缠着姑姑给我讲故事。姑姑说："咱们杜家历史上出过许多名人。晋朝有个叫杜预的，是咱们的祖先。他博学多才，尤其对《春秋》和《左传》特别有研究。他把这两部著作合编在一起，现在人们读的标准读本就是他编写的。你爷爷也很了不起，他老人家是咱们大唐有名的诗人，连皇帝都夸他的诗写得好呢！"

"我长大以后也要做一个像杜预和爷爷一样了不起的人！"我攥着小拳头发誓说。

"好孩子，有志气！不过，光有志气还不行，还要有学习的毅力啊！"姑姑摸着我的头，鼓励我说。

听了杜预和爷爷的故事，我受到很大鼓舞。姑姑再教我背诵古代诗歌的时候，我特别用心，很快就能背会。到六七岁的时候，我已经能背好几百首诗歌了。

一天，爸爸前来看我，检查我的功课。他让我背诵一篇古代的赋，我一字不错地背下来了。这篇赋里提到了"凤凰"这个名字，我以前也只听说过有凤凰鸟，但从来没见过，就好奇地问："父亲，您见过凤凰吗？它是什么样的？"

爸爸说："凤凰是古代传说中的百鸟之王，雄鸟叫凤，雌鸟叫凰。据说它头像鸡，颈如蛇，颔似燕，背如龟，尾如鱼。这种鸟非常尊贵，从来不跟其他凡鸟在一起，是高洁的象征。"

我歪着头想了一会儿,对爸爸说:"有志气的人就应该像凤凰一样,对不对?"

爸爸高兴地说:"对,你说得很对。"

"我想写一首《凤凰诗》,您看行吗?"我鼓足勇气说。

"有志气,好孩子。写好以后念给我听。"

可是我想了好几天,总是觉得不好,有点儿灰心了。爸爸开导我说:"写诗要有灵感,不能老在家里空想。这样吧,明天我带你出去转转,看看能不能有所启发。"

第二天,爸爸带我到城里去玩。当走到一个大广场的时候,我看见广场中间围了一群人,一个个抻着脖子,踮着脚,使劲往里面瞅。爸爸和我过去一打听才知道,原来是公孙大娘在里面表演剑舞。

爸爸一听,兴奋地对我说:"孩子,咱们今天可要大饱眼福了。这个公孙大娘是有名的舞蹈家,会一种从西域传来的剑舞。这种舞蹈跟咱们中原的舞蹈完全不一样,刚劲与柔美相结合,充满了异域风情。"

我一听,兴趣大增,低头使劲往人群里面挤。我好不容易挤到里面,占了最靠前排的一个位置,把公孙大娘的表演看得特别清楚。只见公孙大娘身形矫健,步法灵活,回旋跳跃,舞步如飞。她手中的剑在空中飞舞,划出一道道漂亮的银弧,就好像凤凰展翅飞翔一样。我的心随着公孙大娘的剑影而跳动,整个人看得如痴如醉。

等回到家里,我的心仍旧平静不下来。公孙大娘那飒爽的英姿、优美的舞蹈、富有情感的眼神,全都深深地印在我的脑海里,挥之不去。

不知怎么,我一边想着公孙大娘舞剑时的身影,一边竟然作出了《凤凰诗》的句子。

我跑到爸爸跟前,说:"父亲,《凤凰诗》我作出来了。"

爸爸惊喜地睁大眼睛,连声说:"好,好,快念出来我听听。"

于是我把这首诗念给爸爸听。我在诗里把凤凰尽情讴歌了一番,最后抒发自己的情怀:做人一定要做一个出类拔萃的人。

爸爸听了我作的诗，兴奋得拍手大笑，最后语重心长地说："你有远大的志向，这很好。不过，以你现在的学识，还远远不够。你要继续努力，多多读书啊！"

"我还要读多少书，才能像爷爷一样，成为一个大诗人呢？"

爸爸沉吟一下，说："如果你能熟读万卷书，写诗的时候就会如同神助，肯定能写出好诗来。"

从那以后，我读书的劲头更足了。不管白天还是黑夜，我都把自己关在书房里埋头苦读。读书时间长了，累得直打瞌睡。怎么办呢？我想起姑姑给我讲过的"头悬梁，锥刺股"的故事，就决定效仿一下。我找来一根绳子，一头儿绑在头发上，一头儿牢牢地绑在身后的柱子上。读书累了打盹儿的时候，只要我头一低，绳子就会扯痛头皮，于是，我立即清醒过来，继续读书。

功夫不负有心人。当我十四五岁的时候，写的诗就已经在洛阳小有名气了。

延伸阅读

夜宿石壕村

759年，唐朝六十万大军被安禄山的叛军打得大败。为了补充兵力，唐军在洛阳以西至潼关一带，强行抓人当兵，百姓因此苦不堪言。

有一天，杜甫从洛阳赶往华洲，经过石壕村（在今河南省陕县东南）。时间已经很晚了，旅店都已经关门，他只好到一户穷苦人家去借宿。接待他的是一对年迈夫妻。

半夜，杜甫正翻来覆去睡不着觉的时候，忽然响起一阵急促的敲门声。他从门缝里朝外看，看见老公公慌慌张张地翻过屋后的短墙逃走了，老婆婆一面支应着敲门人，一面去开门。

进屋来的是官府派来抓壮丁的差役。他们厉声问老婆婆："你家男人到哪里去了？"

老婆婆哭着说："我的三个孩子都上邺城（今河南省安阳市）打仗去了！前两天刚接着一个儿子来信，说他的两个兄弟都已经死在战场上。家里只有一个儿媳妇和还在吃奶的孙子。哪还有什么男人？"

老婆婆讲了许多哀求的话，差役还是不肯罢休。老婆婆没有法子，只好提出自己跟着差役走，到军营去给兵士做苦役。

天亮了,杜甫离开那户人家的时候,送别他的只有老公公一个人。

亲眼目睹这种凄惨情景,杜甫的心里很不平静。他把这件事写成了一首诗,诗名就叫《石壕吏》。

保重啊!

立志读遍人间书
——苏轼

中国人

诗人、文学家

出生地：眉州眉山（今四川省眉山市）

生活年代：1037年—1101年（北宋）

主要成就：文、诗、词三方面都达到极高水平，是宋代文学最高成就的代表之一，代表作有《赤壁赋》《饮湖上初晴后雨》《念奴娇·赤壁怀古》《浣溪沙》等；书法、绘画等领域的成就也很突出

优点提炼：勤勉好学，有错就改

我爸爸是北宋时期有名的文学家，妈妈出身于书香门第，也同样知书达理。在这样的家庭氛围里长大，对我的学习来说，实在是太有利了。

八岁那年，我进入学堂开始上学。老师姓张，是一个知识渊博、

正直友善、教育有方的人。在父母的言传身教和张老师的悉心教育下，我逐渐养成了勤学好问的学习习惯。

一次，有位同学背诵《老子》中的"玄之又玄，众妙之门"。我不太明白这句话的意思，就问张老师："老师，奥妙只有一个，难道还有许多吗？"

张老师笑着说："只有一个奥妙是不全面的。你只要仔细观察，就会发现奥妙是多种多样的。"

我点了点头。这时，我看到有两个人正在学堂的院子里扫地、割草，动作熟练，手法也很快，配合也很默契。观察了一会儿，我似乎领悟到了什么，禁不住自言自语道："每个行业各有各的奥妙啊！"

我把这种方法运用到学习当中，逐渐总结出一套有效的"八面受敌"读书法。"八面受敌"是什么意思呢？简单说来，就是一本书每读一遍，只从一个角度思考问题，只集中精力了解和消化一个方面的问题。读第二遍的时候再换另一个角度思考……这样读的遍数多了，自然就领悟全书的奥妙了。这种方法虽然有些笨，但是很有效，对我的帮助特别大。

就这样，经过几年的努力，我的学业大有长进。别人没读过的书，我读过；别人读不懂的书，我能读懂；别人不认识的字，我认识；别人不理解的文章，我能评头论足一番。不仅如此，我还能下笔成文，写一手漂亮的文章。爸爸那些文学圈的朋友们读了我的文章都很震惊，夸我是"神童",长大以后肯定是文坛的奇才。爸爸的这些朋友可不是随意夸人的,听了他们的夸赞,我当然很得意。

一天,张老师把我叫到书房,拿出一幅字交给我,说:"为师送你一幅字,希望你能理解其中的含义。"

我打开一看,上面写着"学无止境"四个字。我当然明白,这是张老师在含蓄地批评我不谦虚。可我没有骄傲啊,别人对我的赞扬,并不过分啊!

我虽然很尊重张老师,可是这次我觉得是他错了。于是我把这幅字拿回房间,塞到了废纸堆里。我不愿意看到它。

第二天,爸爸的朋友们来串门,又要考我。无论他们提出什么刁钻古怪的问题,我都能对答如流。后来,有个人竟然提出让我背诵《后汉书》。我微微一笑,不慌不忙、一字不错地背起来。爸爸的那些朋友们自然又大大地夸了我一番,夸得我有些晕乎乎的。他们走了以后,我的晕乎劲儿还没有过去,就取过笔墨和纸,写了一副对联:"识尽天下字,读遍人间书。"

我把对联贴到大门上,心里更是美滋滋的。

有一天,我正在门口欣赏那副对联,来了一位白发苍苍的老先生。

他说:"我有件事想请教苏公子。"

我赶忙施礼,说:"不敢当,不知老先生要问什么事?"

老先生从怀里掏出一本书,说:"我这里有一本书,里面有些字我不认识，请苏公子指点。"

我一听，心想：不就是认几个字吗，这有什么难的？

我漫不经心地接过老先生的书，翻开一看，立刻傻眼了——那上面的字我竟然一个都不认识。我的脑袋"嗡"地一下子，顿时羞臊得满脸通红，心里很不是滋味。

老先生向前挪了几步，恭恭敬敬地说道："请公子赐教。"

我的脸更红了，只得用低低的声音说："老先生，不瞒您说，这本书上的字我都不认识。"

老先生听了哈哈大笑，捋着白胡子说："苏公子，你不是'识尽天下字，读遍人间书'吗？怎么会不认识这书上的字呢？岂不怪哉！"说完，拿过书就走了。

我惭愧得无地自容，恨不得找个地缝钻进去，再抬头看那副对联，越看越刺眼。于是我冲上前，准备伸手去撕对联。

"且慢，不要撕。"张老师不知道什么时候来到了我的身后，制止了我。

张老师问："通过这件事，你有什么感想？"

我顿时明白了，原来刚才那个老先生是张老师特意找来点化我的。

我不好意思地说："老师，我错了。人外有人，天外有天。我以后一定要做一个谦虚的人。"

我跑回书房，从废纸堆里找出张老师送给我的"学无止境"那幅字，

端端正正地贴在墙上。然后,我又提笔回到门前,在那副对联的上下联前各加了两个字,使对联变成了"发奋识尽天下字,立志读遍人间书"。

张老师见了,欣慰地笑了。

> 延伸阅读

"一屁过江"的故事

苏轼和金山寺的住持佛印和尚是好朋友,两个人经常在一起谈禅论道,研究佛法。

有一次,苏轼诗兴大发,写了一首赞颂佛的诗:"稽首天中天,毫光照大千。八风吹不动,端坐紫金莲。"

苏轼对这首诗很满意,想得到佛印的肯定和夸奖。他叫书童把诗送给佛印,希望听听佛印会说些什么。

书童过江来到金山寺,把诗交给佛印和尚。佛印看过后,心里明白,苏轼虽然在诗文的字面上赞美佛的神威,但骨子里却是在夸自己的文采和禅功。因此,他提笔在诗后批了四个大字:放屁,放屁!然后封好交给书童。

苏轼看到佛印的批语,十分气恼。他立即过江,找佛印理论。

他问佛印:"你凭什么写这样的批语,难道我不是维护佛法的虔诚弟子吗?"

佛印从容地答道:"八风吹不动,一屁过江来。"

听了佛印的话,苏轼这才醒悟过来,感到很惭愧。他意识到,自己在佛学上的修为还差得很远。后来,随着对佛学修炼的渐进,苏轼对佛教的领悟渐入佳境,终于成了一位具有深厚造诣的佛教行者。

> 八风吹不动,
> 一屁过江来。

爱书如命的小姑娘
——李清照

中国人　词人

出生地：齐州章丘（今山东省济南市）

生活年代：1084年—1155年（宋）

主要成就：工诗善文，更擅长词，著有《易安集》《漱玉集》等

优点提炼：嗜书如命，乐于助人

　　我叫李清照，出生于一个官宦人家。我的父亲很有学问，他在学校[郓（yùn）州官学]教过书，还做过财政局局长（司户参军），后来调入京城开封，在达官贵人开办的学校里为学生传授知识。我的母亲是一个名门闺秀，文学修养也很高。在这样相对优越的家庭环境下，

我拥有良好的学习氛围。我不仅可以接受文学艺术的熏陶，还能深切细微地感受生活。

虽然我出身官宦家庭，而且是个女孩子，可父亲并没有用封建社会的世俗桎梏束缚我的成长。因此，从很小的时候开始，我便博览群书，读经史、诸子百家、诗词歌赋、笔记小说，在知识的海洋里汲取着丰富的养料。

记得有一年的春天，清明节前后，到处莺歌燕舞，春意盎然。我穿上姨母新做的漂亮衣服和家人一起去踏青。当时微风习习，杨柳依依，我们一家玩得异常开心。小聚之后是自由活动，我不知不觉就转悠到了书市——我经常能在这里发现珍贵的宝贝。

一路赏玩，一路游逛，在一个不起眼儿的小角落里，我看见一位满头白发的老爷爷正守着一个小摊儿在卖书。可奇怪的是，老爷爷既不揽客，也不叫卖。再走近看，我发现老爷爷不像一般的书商小贩，他身上透出一股书卷气，更像个读书人。

这一切激发了我的好奇心。我走上前去，刚要开口，突然，一套名为《古金石考》的书映入我的眼帘。哇，这可是我梦寐以求的古书呀！据说，这套书在民间几乎失传，我曾求过很多人帮着购买，最后都是无果而终。没想到还真是"踏破铁鞋无觅处，得来全不费功夫"。我抑制不住兴奋，拿起书就翻看起来。

不知道过了多久，我还在忘我地读着《古金石考》，越看越着迷。

后来，我突然想起来，这可是人家要卖的书，于是尴尬地对着老爷爷笑了笑。老爷爷慈祥地笑着对我说："小姑娘，没关系，你看吧！"

"老爷爷，您这套书是要卖吗？"

"是啊，因为家庭遇到变故，需要用钱救急。这本是祖上遗留下来的古书，不到迫不得已，我肯定是不会出售的。"

"您是做什么的？"

"老夫教书育人，祖辈都是诗书世家。只能怪自己时运不济，沦落到这般田地。"

"原来您是教书先生呀！那这部书对您来说，肯定很重要吧？"

"你说得没错。我本想把它拿去典当行，后来想想送去那种地方也换不了几个钱，还净被不识货的人糟蹋。所以才拿到街上来，希望能碰到真正的爱书之人珍藏它。"说到这里，老人低下头，脸上流露出不舍的神情。

"姑娘，我看你是识货之人。要是你喜欢，我把这部书卖给你吧？"

"爷爷，您需要多少钱来应急？"

"二十两吧。如果你真的喜欢，少点儿也没关系。"

没等他说完，我就全身大搜索，把随身带的钱全部找出来。可清点之后，零零散散加起来也不到十两。这可怎么办呢？因为是出来游玩，我身上没带多少钱，而且我和家人都走散了，也没办法向他们请求支援。

"爷爷，您明天还会在这儿吗？要不明天我带钱过来取书？"

老爷爷有些为难:"姑娘,不是我不答应你,我已经在这里等了三天了,盘缠也用得差不多了……今晚我就要出城回家去了。"

我一抬头,看见太阳西下,已近日暮了,雇车回家也来不及了呀。我一时也不知道怎么办才好。

老爷爷见我着急,安慰我说:"姑娘,你也不用太过着急,就当是你和它没缘吧!也许有一天,你还能再碰上它!"

听了老爷爷的话,我心里特别不是滋味,想着就要和这部喜欢的书擦肩而过,并且老爷爷现在有难处,我也帮不了他。我真后悔今天没有多带些钱出来。

忽然,一个主意从我的脑子里冒了出来。"爷爷,您在这儿等我一会儿,只一会儿就好。一定要等我回来啊!"我一边跑开一边对他说。

我火速跑到最近的一家当铺,把姨妈新给我做的那件衣服脱下来拿给老板。当铺老板看着我心急火燎地脱衣服,一下子摸不着头脑。

"老板,我有急事需要用钱。这件衣服是新做的,我今天第一次穿,您可以给我当十五两银子吗?"

老板看了看,说:"这衣服不值这个钱。再说,这是你身上穿的衣服,现在天气还冷,你把它当了,穿什么呀?"

我已经有些语无伦次了,只是口中胡乱地求着老板:"我……我没穿的……没事!老板,我真的有急用,要不给我当十两也成!求求您了!"

经过我再三央求,老板终于同意当给我十两银子。我高兴极了,一路狂奔回去找卖书的老爷爷。

当我再次站在老爷爷面前时,他看到我只穿了一件单衣,跑得上气不接下气的样子,一脸的惊讶和疑惑。我把银子递给老爷爷,买下了那套书。他接银子的手一直在颤抖着。我也感觉到了老人家发自内心的深深感动。

那天,我抱着这套沉甸甸的《古金石考》回家,虽然身上感到阵阵凉意,但我的内心很满足,很温暖。

> **延伸阅读**

李清照妙对夫君

　　李清照的丈夫赵明诚是一位金石学家。夫妻二人都博学多才，是流传千古的才子佳人。有一次，夫妻俩参加一位老人的寿宴，传说这位老寿星有一百五十岁高龄了。酒过三巡，众人邀请李清照夫妇合写一副寿联，祝贺老人寿辰。

赵明诚稍作思考，挥笔而就："花甲重逢，又增而立年岁。"大家都知道，一个甲子为六十年，花甲重逢即一百二十岁；人们又常说"三十而立"，所以还要加三十岁，加起来就是暗颂老人一百五十岁高寿。

这上联出得绝妙，众人一片叫好。

然而，大家更想看李清照怎么对下一句。只见她毫不拘谨，落落大方地写上："古稀双庆，复添幼学青春。"古稀指的是七十岁；幼学之年，是指小孩子刚刚上学的时候，十岁左右，所以合起来也是指的一百五十岁。

众人看了，都连连叫绝。

蒙古草原的雄鹰
——成吉思汗

- 中国人
- 政治家、军事家

出生地：漠北草原斡难河上游（今属蒙古国肯特省管辖）

生活年代：1162年—1227年（南宋）

主要成就：开创了蒙古帝国空前宏大的版图，打通了世界各国的联系

优点提炼：才智出众，目光远大，气度恢宏

我叫孛儿只斤·铁木真，蒙古族人。在广阔的蒙古草原上，生活着许多分散的部落。我的父亲就是其中一个部落的首领，他骁勇善战、有勇有谋，被人称为"拔都"（勇士）。在我生活的那个年代，我们蒙古族有很多特别的习俗，比如"抢亲"。年轻人娶老婆不是去女方家提亲，

而是从别的部落中抢一个女人回来。

我的父母就是通过"抢亲"相识的。据说有一天,父亲到斡难河上放鹰捕雀,远远看到另一个部落的一个年轻人用马车载着他的新娘从附近经过。父亲看到那个新娘漂亮无比,很想把她娶回家。于是,他叫上自己的两个兄弟,把这个年轻人拦住,向他发起挑战。

年轻人看父亲长得勇猛壮实,旁边还有两个"帮凶",吓得不敢应战。他把新娘扔在原地,自己掉头就跑了。父亲一口气追出去老远,确定他不敢再回来,就把他的新娘抢回了家。这个新娘就是我的母亲。

虽然父母的婚姻可谓是"不打不相识",但他们结婚之后感情一直很好。父母一共生育了五个孩子(四男一女),我是其中最大的一个。

据老人说,我出生的那天早晨,斡难河边下起了大雨,但不是一般的雨,而是白色的"乳雨"。雨后,天空中出现了一道银白色的长虹。这道长虹两端与天际相连,除了蒙古草原上的人看见了,连相邻各国的人也都在感叹这个奇观。虽然当时天下分裂,强者各据一方,但是这道长虹的出现让大家看到了统一的希望。

我出生时,父亲正好在和别的部落打仗。听说首领夫人生了一个儿子,军营里沸腾了。将士们一鼓作气,活捉了敌方部落的首领铁木真兀格。为了纪念这次了不起的胜利,父亲便给我取名叫"铁木真"。

我的童年过得无忧无虑。我们一家人生活在蒙古包里,喝着美味的马奶酒,吃着大块的手把羊肉;高兴时围着蒙古包载歌载舞,闲暇时就去附近放鹰打猎。那时我年纪虽小，但也被训练成了一个捕猎高手。

我们的生活过得快乐而随性，可以说是四海为家。每到一个水草丰盈的地方，我们就安营扎寨，牧马放羊；遇到水草枯萎的季节，我们就拆下蒙古包迁徙到别的地方去。一座看似庞大的蒙古包，其实只需要两匹骆驼和一辆牛车就可以运走，两三小时就又可以搭建起来。

但是，这样安静而美好的生活在我九岁那年被彻底打破了。有一天，父亲被铁木真兀格的儿子请去喝酒。铁木真兀格曾经被父亲活捉过，这大家都知道，因此他的儿子对我们部落怀恨在心。但是父亲却并不在意，欣然赴约了。

那天，父亲从宴会上回来，脸色很不好看，紧接着便按着肚子痛苦地呻吟。等医生到来的时候，父亲已经去世了。医生说，父亲是中毒死的。有人在他喝的马奶酒中下了毒！

父亲去世之后，我们的生活发生了翻天覆地的变化，一下子跌入了苦难的深渊。部落的人纷纷逃散，抛弃了我们。更可恨的是，他们还带走了我们赖以生存的牲畜和食物。

母亲抱着两个年幼的弟弟失声痛哭。我却明白现在不是哭泣的时候，因为懦弱解决不了任何问题，我们必须坚强地渡过这次难关。况且，敌人正在虎视眈眈地盯着我们，随时会对我们下手。

我于是去游说父亲以前的部下，想向他们证明，我是草原上成长起来的雄鹰，可以成为新的首领。但是，没有人相信我。相反，我们的敌

人看出了我的志向，不允许我继续存在下去。他们将我抓起来，吊起来毒打，还想将我处死。面对危急的情况，我一点儿也不害怕，相信只有冷静地想出办法，才能化解危险。我在敌人面前装出一副惊慌害怕、任人摆布的样子，让他们相信我是一个很容易被制伏的人，从而放松了对我的警惕。与此同时，我却在努力寻找逃跑的机会。终于有一天，我趁看守不注意，偷偷逃跑了。

逃出来后，我和母亲、弟弟们会合，一家人躲藏在一个别人都找不到的地方。我们靠摘野梨、挖野菜、捉地鼠、钓鱼来填饱肚子。只要能活下去，我什么苦难都不怕。

这样过了几年，我长成了一个健壮的小伙子，可以驯服暴烈的野马，可以拉开几百斤的硬弓。我于是去投靠蒙古草原上最大的部落首领脱里。脱里很欣赏我，把我当亲生儿子一样对待，我也尊他为父亲。

在脱里的帮助下，我找到了父亲以前的很多部下。他们被我的勇气和智慧所打动，愿意一直追随我。我又和另一个部落的首领结拜为兄弟，相互帮助。等到时机成熟的时候，我率勇士们向敌人发起猛烈的攻击，将他们打得四散逃窜。这样不仅为父亲报了仇、雪了恨，而且我在草原上的威信也越来越高了。

后来，更多的人慕名投靠到我的军营里来。他们有的是被敌人驱赶，以致无家可归的可怜人；有的是饱受战乱之苦，想要过平静生活的人。从那时起，我就暗自下定决心：不再让草原上这种分裂割据的局面继续存在下去，我要带领大家去开创一个大一统的、属于我们的光辉时代！

延伸阅读

军营中的发明

成吉思汗一生戎马，经常率领着数十万蒙古军队南征北战。那么，他是怎么解决行军中的饮食问题的呢？

大家都知道，蒙古人爱喝奶、爱吃肉。可偏偏这两样食物都不容易保存，打仗时又不可能花大量的时间来烹制这些食物。于是，成吉思汗和他的部下发明了奶酪和肉干。他们在空闲时候把羊奶（或牛奶）用火煮，直到慢慢凝固，变成奶酪；把牛羊肉切成条，晾干，装进袋子里，这样就方便携带和储存了。等到饿了的时候，蒙古军队不需要停下来生火做饭，只要把奶酪拿出来，就一点儿清水，就能配着肉干填饱肚子。正是因为这两个伟大的发明，成吉思汗的军队在马上就完成了吃饭的事情，一点儿都不耽误行军速度。他们通常日行数百里，出其不意地出现在敌人面前，让敌人猝不及防。

游戏成真的放牛娃——朱元璋

出生地：濠州钟离（今安徽省凤阳县）

生活年代：1328年—1398年（元末期至明初期）

主要成就：推翻元朝，建立明朝，加强中央集权，发展经济，恢复生产

优点提炼：有梦想，有远大志向

政治家、军事家

中国人

　　我叫朱重八。大家听到这个名字，也许会觉得有些另类，其实这是没有办法的事情。在我生活的那个时代，普通老百姓是不能取正儿八经的名字的，但是大家总要彼此称呼啊。怎么办呢？大家各出奇招，

有的人用父母的年龄相加来命名，有的人用家族里的排行命名，还有的人用出生的日期来命名。比如我在家里的大排行是第八，就取名"重八"。类似这样的名字还有很多，像我父亲就叫朱五四，我祖父叫朱初一。好了，不说这些了。

因为家里穷，我从小都没吃过什么好东西，一直营养不良，瘦得只剩下皮包骨。这样的体质当然不好，我经常生病。我的父母十分迷信，每当我生病的时候，他们就去庙里求菩萨，还把我送到附近的寺庙里去寄养。其实能治病的不是菩萨，而是庙里那些能填饱肚子的食物。

可是我一点儿都不喜欢庙里的生活。好在十岁那年，父母要搬家，就把我从庙里接了回来。对于这样的事情，我心里喜忧参半，说不出是啥滋味。喜的是我终于可以离开寺庙，和父母团聚了；忧的是我们家从此过上了流浪生活。这样的状态，不知道要持续多久。

后来，父母找到了一份谋生的差事，给财主家种地，而我就帮财主家放牛。我们终于安定下来了。我也结交到了一些小伙伴，每天总和他们在一起玩耍。

我之前读过几天书，认识一些字，鬼点子也多，在小伙伴们当中很有威信。一起玩游戏的时候，我总是扮演皇帝。别看我家里穷，连皇帝长啥样都没见过，可我派头十足，扮演起皇帝来还真像那么回事。没有胡子，我就把长树叶撕成细长条，一缕一缕地粘在嘴唇上；没有皇帝戴的平天冠，我就顶着车辐板；没有龙椅，我就把土堆垒起来；"大

臣们"没有朝板,就让他们每人捡一块木板捧着。一切准备就绪后,我往土堆上一坐,"大臣们"就捧着"朝板"向我朝拜起来。如果有"大将军"向我汇报前方"战事",我就把袖子一挥,命令"将军"出征,讨伐"敌人"(财主家的牛)。

　　这种游戏特别好玩儿,每次我都玩得特别过瘾,好像自己当真做了皇帝一样。我心里寻思着,以后要是真能当上皇帝该多好啊!

　　当然,我这位"皇帝"在小伙伴前是威武了,回到财主家却经常要挨打挨骂,还经常吃不饱。不仅是我吃不饱,我的"大臣们"也经常会饿肚子。作为"皇帝",怎么能让"大臣们"跟着自己受这种苦呢?

我一定要想办法解决眼前大家肚子饿的问题。

有一天,大家又聚在一起,肚子都饿了,该怎么办呢?在家里吃不饱,又没钱去买吃的,更不能去偷或抢。大家凑在一起,脑瓜子使劲地想。可想了好一会儿,也没想出什么办法来。我眼睛瞄到不远处正在悠闲地吃草的牛,心中突然一喜,说道:"我有个办法……"

大家便把目光聚焦在我身上,眼中充满了希望的火花。我指着不远处的那头小牛,悄悄对大家说:"我们把那头小牛宰了吃吧!"听了我的提议,大家眼中闪烁着的希望火花顿时熄灭了,纷纷摇头:"这……恐怕不行吧!""财主老爷如果知道我们把他的牛宰了吃了,肯定会把我们也宰了的!"

大家议论纷纷,都打起了退堂鼓。我拍着胸脯,信誓旦旦地说:"别害怕,我知道回去怎么跟财主交代,保证他不会怀疑到我们身上。"

看着我信心十足的样子,小伙伴们眼中的希望之火又重新燃烧起来。于是,在我们的通力合作下,杀掉了那头小牛,然后架起火堆,把牛肉烤着吃了。

不一会儿,火堆旁就只剩下一堆牛骨头和牛皮、牛尾巴了。我们把牛皮和骨头埋起来,然后把尾巴插到岩缝里。如果财主问起来,我就说牛钻进了山洞,怎么都拉不出来了。小伙伴们听我这么一说,都觉得这是个天衣无缝的借口。可事与愿违,我们这个天真的想法怎么能逃过老奸巨猾的财主的眼睛呢?

最后,我被财主毒打了一顿。父母的债务又多了一头小牛。但是,我咬紧牙关,没有把小伙伴们供出去,只说从头到尾都是我一个人干的。我这样做并不后悔。我觉得穷人不应该天生受穷。如果我将来做了皇帝,一定让大家都过上好日子。

延伸阅读

节俭的朱元璋

朱元璋是位崇尚节俭的皇帝。他常说"珠玉非宝,节俭是宝"。

他的节俭并不只是在口头上说说,而是身体力行,自己就过着节俭的生活,为官员们树立了节俭的榜样。

有一次,有人送给朱元璋一副用金玉装饰的马鞍。朱元璋坚决不收,而且对来人说:"国家需要的是大批人才,所急用的是粮食布匹,我不需要金银珠宝。"

还有一次,朱元璋在为皇后举办生日宴时,设宴的菜肴竟然是寒酸的萝卜、韭菜和一碗小葱豆腐汤。而且,他约法三章:今后不论谁摆宴席,只许四菜一汤。谁若违反,严惩不贷。

至今,在朱元璋的故乡凤阳还流传着一首歌谣:"皇帝请客，四菜一汤，萝卜韭菜，着实甜香；小葱豆腐，意义深长，一清二白，贪官心慌。"这首歌谣就是对朱元璋节俭生活的最佳赞誉。

寻觅《梦溪笔谈》
——宋应星

中国人

科学家

出生地：江西奉新（今江西省奉新县）

生活年代：1587年—约1661年（明末期）

主要成就：著作《天工开物》是世界上第一部有关农业和手工业生产以及科学技术的百科全书

优点提炼：聪明好学，兴趣广泛

我出生在一个知识分子家庭，祖辈都是读书当官的。不过，到了我爸爸这一代，家境已经败落了。我爸爸读了一辈子书，只考中了一个秀才，没能当官。所以，他最大的愿望就是孩子们能有出息，实现自己的梦想。

爸爸把我和哥哥宋应升送到私塾，请一位本族的叔叔宋国祚（zuò）教我们读书。有一次，我感冒发烧，上学迟到了。当我跑到学堂，早自习已经快结束了。这时，宋老师正好让哥哥站起来，背诵刚才自习的文章。没有得到老师的允许，我不敢擅自进教室坐下，只好昏昏沉沉地站在教室门口，等着挨批评。哥哥背诵得很流利，我在旁边听了一遍，也会背了。宋老师让哥哥坐下后，转身对我说："你既然迟到了，还不赶紧把落下的功课背会！"我试着背了一遍，居然一个字也没有错。宋老师很吃惊，夸我是个智力超群的孩子。

宋老师的学问可大了，不仅熟读四书，而且诗词歌赋、五经、天文地理样样精通。他经常在课余时间给我们讲一些农业、手工业、冶铁等方面的知识，我对这些知识特别感兴趣。

一天，我到一个同学家去做客。那个同学家里很有钱，客厅里摆满了许多大小、形状、颜色、图案都不一样的花瓶。我立即被这些花瓶吸引住了，不停地打听这些花瓶的制造方法。那个同学说："这些花瓶的制造方法，不过是雕虫小技罢了，不值得我们读书人学习。"我却不这么想，反而觉得这些日常生活用品对我们很重要，不了解只能说明自己的无知。

我把我的想法跟宋老师一说，宋老师很高兴。他向我推荐了一本书，书名叫《梦溪笔谈》，是北宋科学家沈括写的一部具有很高价值的科学著作。我特别想读一读《梦溪笔谈》，只可惜宋老师也没有这本书。

从那以后，我到处打听这本书，只要碰见读书识字的亲戚或邻居，就问人家有没有这本书。不过，每次问的结果都令我很失望。

我隔三岔五就到镇上最大的文宝斋书铺，去看有没有《梦溪笔谈》。有一天，我听说文宝斋书铺刚进了一批新书，特别齐全，就急匆匆地赶到镇上。一进书铺，我便四下寻找，可是书架上摆的都是四书五经，还是没有《梦溪笔谈》。我不甘心，就问店老板："店里怎么不进《梦溪笔谈》这样的书呢？"店老板说："现在的人们都只读经史，为的是考取功名。实业制造方面的书就算进了货也没人买。"我只好懊丧地离开了书铺。

在往回走的路上，我的脑子里一直想着《梦溪笔谈》。这本书这么好，怎么就买不到呢？想得到一本好书真难啊！我长长地叹了一口气，无可奈何地摇着头，像丢了魂似的往前走。

忽然，只听哎哟一声，我不小心撞到前面一个行人的身上。那个人抱着的米果撒了一地，包米果的纸也掉在了地上。这时，我的心思才从《梦溪笔谈》回到现实中。我连声向那个人道歉，急急忙忙地弯下腰，帮那个人捡米果。捡着捡着，我无意中扫了那张包米果的废纸一眼，却高兴得叫出声来。原来，包米果的废纸上竟有"梦溪笔谈"几个字。再仔细一看，这正是我梦寐以求的《梦溪笔谈》中的一页！真是踏破铁鞋无觅处，得来全不费功夫。

我连忙问那个人，米果是从哪儿买的，好去寻找这本书的踪迹。

按照那个人指的方向，我一口气跑出好几里路，才满头大汗地追上了卖米果的老汉，说要出高价买那些包米果的废纸。老人问明情况后，见我这么喜欢书，就掏出一本旧书给了我。我一看，真的就是我要找的《梦溪笔谈》，只不过少了后半部。老汉告诉我，这书是路过南村纸浆店的时候，向店老板讨来的，书的后半部说不定还在纸浆店呢。

我又一口气跑到纸浆店，却看到那后半部《梦溪笔谈》已经和别的旧书一起拆散泡到水池里，正准备打成纸浆呢。我拉住店老板的手，急切地说："求求您，帮忙把《梦溪笔谈》那本书从水池中捞上来吧。"说着，我摸出身上所有的钱，摆在老板面前。

老板不解地问："孩子，这一池废书也不值这些钱啊！"

我于是向老板讲述了自己找寻这本书的经过。老板被感动了，赶忙让工匠下水池，从散乱的湿纸堆中找齐了那半部《梦溪笔谈》。我捧着湿淋淋的书回到了家，小心翼翼地把它们一页页分开，晾干，重新装订好。

读完《梦溪笔谈》后，我便立下了一个远大的志向：我长大以后，也要写一本这样的好书！

延伸阅读

落榜生写《天工开物》

宋应星考中举人后，接连几次进京赴考最终都名落孙山。但数次南北往返，要经过湖北、安徽、河南、山东、河北等好几个省，一路所见所闻却使宋应星大开眼界，收获了大量农业和手工业生产的实际知识。

他一路走，一路看，一路记，每当看到没有见过的技术或机械，就用笔把这些记录下来；对于一些复杂的机械设备，他甚至照原样描摹下它们的图样……

等他意识到科举做官的梦想不可能实现的时候，心想：既然这样，我不如回乡著书，着眼于实用科学，立志研究与国计民生休戚相关的工农业生产技术。

经过艰苦的编著，宋应星终于写完了《天工开物》。全书分为上、中、下三篇，共十八卷，每卷介绍一个行业。对每一个行业，书中不仅做了系统的记述，还在篇后各附图数幅，图文并茂，一目了然。

通俗地来说，不管从事什么行业，都可以在《天工开物》这本书里，找到切实有用的知识。如果你是一位农民，可以从书里找到很多关于种植和养殖的农艺指导；如果你是一位工匠，从书中可以找到冶金、造车等工艺的详细记录；如果你是一位军人，可以从书中找到箭、弩、雷、火炮的制造工艺……

我是科学家！

不愿玩物丧志的"小皇帝"
——康熙帝

出生地：北京紫禁城

生活年代：1654年—1722年（清）

主要成就：维护统一的多民族国家；收复台湾，开府设县，抵制沙俄侵略，发展经济，开创康熙盛世

优点提炼：独立坚定，机智有谋

政治家、战略家

中国人

　　我是爱新觉罗·玄烨，也就是你们平常说的康熙皇帝。"康熙"是我在位时的年号。我出生在帝王家，也许大家都十分羡慕，以为我从小就过着锦衣玉食的生活，请的是全国最有学问的人当老师，日子一定逍遥快乐。可实际上我的生活并不像大家所想象的那样，作为一名皇子，

我不仅没有轻松感，反而要承受普通人所没有的很多压力和艰辛。

根据我们大清的制度，皇子和皇女出生后都要离开自己的亲生母亲，由乳母和保姆抚养，我也不例外。我出生后，就跟乳母、太监、宫女这些人生活在一起，平常跟父母见面的机会都很少，更别说享受家庭的欢乐了。

两三岁时，我不幸感染了天花。这是一种烈性传染病，只要染上，一不小心就会没命。为了不传染给别人，我被迫搬到皇宫西墙外的一座宅院里休养，这样一住就是一两年。幸亏我后来痊愈了，才有机会又搬回宫中居住。

回到皇宫后，我多么渴望能够像普通人一样，得到父亲的宠爱。可我的父皇把全部心思都放在他的小儿子身上。他把我那位年幼的弟弟视为"第一子"，也就是说，这位弟弟可以跳过我们这些当哥哥的，优先获得皇位继承权。

虽然没有得到父皇的重视，但我并没有因此自暴自弃，而是努力在学习中充实自己。我不仅学习了满文和蒙古文，还学习了汉人的诗词歌赋。每天凌晨，当天空还闪烁着寒星的时候，我就起床读书了。当时，我的年纪还很小，个子也不高，出门上学的时候，连宫门口的门槛都迈不过去，需要太监把我抱过去。因为从小受冷落，我更加珍惜读书的机会，只要有不懂的地方，我都要打破砂锅问到底。

我特别喜欢汉人的文化。在学习四书时，我要求自己每一段、每一篇都要朗诵一百二十遍，然后再背诵一百二十遍。这样，当我想到四书中的哪个章节段落时，就能脱口而出，并能融会于心了。

后来，那位被视为"第一子"的皇弟夭折了。父皇因为过度悲伤，又罹患重病，也很快驾崩了。那年我才八岁。

父皇去世后，我成了皇位继承人。我刚一登基，就感觉到重重的压力。看到朝堂上站着满满的大臣，御书房里堆着像小山一样的奏折，我心里有些发慌。毕竟我才八岁呀！

好在我的祖母孝庄太后是个很有主见的人，她辅佐我处理国家大事，协调和大臣们的关系，让我尽量坐稳这个皇位。

后来，我一天天长大了，深深地感到自己肩上承载的是一个国家的重任。虽然我还不太能理解这个重任到底有多重，但是我必须让自己坚强起来，用知识来武装自己，丝毫不能懈怠。即使知道同龄的小朋友都在玩耍，或者享受一家人在一起的天伦之乐，我也唯有更加努力，更加严于律己。

有一次，一位大臣把一只巧舌如簧的鹦鹉进献给我，希望能讨我的欢心。这只聪明伶俐的鹦鹉很乖巧，逗它玩的时候，它不时会蹦出"皇上吉祥"这样的话。终究我还是个孩子，看到这个真是有些心动，爱不释手。就在我准备接受这份贡品时，祖母的话又在耳边响起了，她曾告诫我"玩物丧志"！我不由得神经紧张起来，立马拒绝了这份我很中意的贡品。

也许你会觉得奇怪，我为什么要在这样的小事上如此慎重。其实，从我登上皇位的那一刻开始，我就不能只为自己的喜好活着，因为我还有很重要的事情要去处理。国家还不安稳富强，大臣中有的还怀揣着狼子野心。最让我放心不下的就是辅政大臣——鳌拜。

鳌拜从来就不把我放在眼里，甚至会公然与我争吵，还会逼我修改诏书。他敢这么公然与我对着干，不仅因为他武功高强、手握重权，而且他已经培植了众多自己的党羽，估计时机一到，他就会有谋反的行动。当然，我也不会坐视不管，让自己陷入被动的境地。

我从各个王府中挑选了一百多名亲王子弟当我的侍卫，每天跟他们练习摔跤。从表面上看，我们就像一群无所事事的贵族少年在玩闹，

这样让鳌拜放松了警惕。一年之后，我的这些侍卫都练就了高超的摔跤术。我觉得时机已到，就打算以下棋的名义把鳌拜请进宫，然后把他的党羽差遣出去，再一举将他擒获。

当一切都准备就绪后，我把鳌拜请进了宫。时机一到，我就大喝一声："将鳌拜拿下！"

候在一旁的一百多名年轻侍卫立即蜂拥而上，将他团团围住。虽然鳌拜号称"满洲第一勇士"，但也终究抵不过一百多名侍卫的拳打脚踢，在垂死挣扎一番之后，他终于束手就擒。就这样，权倾朝野的鳌拜终于成为我的阶下囚，我也成了这个王朝的真正统治者。这一年，我十六岁。

延伸阅读

继承人之谜

康熙是一位有着雄才大略、一生叱咤风云的帝王，但他驾崩之后，却给后世留下了一个千古之谜：他到底打算将皇位传给谁？是四阿哥胤禛（yìn zhēn），还是十四阿哥胤祯（后改名为允禵）？

这个谜题的起因在于康熙突然去世，根本就没有留下任何传位凭据。而学术界对于继承人的这个谜题，有三种说法：

第一种是"改诏篡位说"。有学者认为是四阿哥篡改遗诏夺取了皇位，原因在于康熙晚年最器重的人是十四阿哥。康熙任命十四阿哥胤禵为西征统帅，不仅使他军权在握，而且叮嘱他要获取人心。这些都是立十四阿哥为储君的预兆。加上十四阿哥西征的表现也让康熙十分满意。

第二种是"无诏夺位说"。支持这一说法的学者认为，康熙去世突然，没有机会口述或留下书面遗诏。每位阿哥都有继承权，而四阿哥近水楼台先得月，抢先被大臣隆科多拥立为皇帝。

第三种是"康熙遗诏继位说"。既然有证据表明康熙立其他皇子为储君，那四阿哥胤禛的继位也是有理由的。

所以，关于康熙选定继承人的说法一直众说纷纭，到现在也是个谜。

愿做"洪秀全第二"
——孙中山

- 出生地：广东省广州府香山县（今广东省中山市）
- 生活年代：1866年—1925年（清末期至民国初期）
- 主要成就：中国近代民主主义革命的先行者，创建同盟会，发动辛亥革命，推翻了封建帝制；曾任中华民国临时大总统
- 优点提炼：具有反抗意识，敢于向不合理的社会制度发出挑战

革命家、政治家

中国人

　　我出生在一个叫翠亨村的小村庄里。全村七十多户人家，绝大多数都是穷苦人。

　　我家人口多，主要靠租种别人的几亩地过日子。有时候爸爸还兼做鞋匠和更夫，勉强维持全家人的生计。

在我五岁那年，哥哥孙眉见日子实在过不下去，就背井离乡到遥远的檀香山（美国夏威夷州首府）当华工去了。我跟哥哥的关系特别好，舍不得哥哥离开，可也实在没有办法。哥哥走了以后，家里的日子更苦了。我开始参加劳动，每天早上带上几个白薯，跟着姐姐到田间种地，或者到山上打柴割草。

哥哥到了檀香山，经过艰苦创业，不仅办起了农场，还开了一个杂货铺，经常往回寄钱，家里的日子才渐渐好过起来。于是，爸爸送我进私塾读书。可是听了先生讲解的那些书，我非常生气：为什么书里总是替富人说话？穷人为什么非得受富人的欺负？这个世道太不公平了！

私塾不上课的时候，我和小伙伴们喜欢聚集到冯阿公家里，听他讲故事。在村里，冯阿公是个很奇特的人。地主老财恨他，骂他是"长毛贼"；可穷苦人都很敬重他，暗地里称他是英雄好汉。我问过爸爸，为什么那些地主老财骂冯阿公是"长毛贼"。爸爸悄悄地告诉我，冯阿公年轻时参加过太平天国运动，是一名太平军战士，专门跟富人作对。后来，太平天国运动失败了，他躲过清兵的追杀，逃了回来。

于是，我们更喜欢听冯阿公讲太平天国的故事了。一天下午，我和几个小伙伴把冯阿公围在村头的一棵大榕树下，又缠着他给我们讲故事。

冯阿公摸着花白的胡子，沉思着说："讲什么呢？今天我就给你们讲讲天王洪秀全的故事吧。"我们拍手称好。

冯阿公清了清嗓子，然后便说开了："洪秀全本来是个读书人，后来看到朝廷腐败，百姓遭殃，就成立拜上帝会，决心起兵造反，为穷人打出一个公平的世界。二十多年前，他在广西金田村发动了起义。起义那天，四面八方的穷人都赶到金田村集合。他站在高坡上，头扎红巾，身披黄袍，昂首挺胸，大声揭批朝廷的罪恶，号召天下的穷苦兄弟团结起来，一起跟朝廷斗，跟皇帝斗。他还宣布，建立一个新的国家，叫太平天国，自己做天王。"

听着冯阿公绘声绘色地讲述金田起义的故事，联想到太平军将士英勇杀敌、清兵清将狼狈逃窜的情形，我和小伙伴们高兴得眉飞色舞，大呼过瘾。

见我们听得这么专心，冯阿公讲得更有劲头了。他接着说："太平军就跟神兵天将一样，所向无敌啊！只用了两年的时间，就从广西打到了南京。攻下南京后，天王洪秀全把南京改名为天京，作为太平天国的都城。他制定了好多替穷人着想的政策，得到了穷人的拥护，于是大家都争着去当太平军。于是天王又发动了北伐和西征，跟朝廷展开了大决战……"

我着急地插话道："打赢了吗？"

冯阿公叹了一口气，说："可惜啊，北伐军打到天津，眼看就要打下北京了，不料遭到清兵的重兵围困，最终还是失败了。林凤祥和

李开芳两位主将被清兵抓住,都牺牲了。"

我的眼泪在眼圈里打转,紧咬着嘴唇。小伙伴们也都气鼓鼓地盯着冯阿公,一句话不说。

冯阿公擦了擦眼角的泪花,又说:"好在西征军打得不错,取得了很多胜利。特别是在湖南靖港的战斗中,朝廷的大官曾国藩被太平军打得落花流水,急得差点儿投水自杀。太平军乘胜前进,攻破了清朝的江南大营……"

小伙伴们一个个拍手叫好,直喊:"打得好!"冯阿公又深深地叹了一口气,说:"可是,就在这时候发生了天京事变。太平天国发生内乱，北王韦昌辉杀了东王杨秀清，还要杀翼王石达开。翼王只好带兵出走。天朝出现了分裂，眼看不保啊！"

"阿公，后来怎么样了？"我紧张地问道。

冯阿公说："幸亏天王起用了陈玉成、李秀成等一批年轻的将领，才使天国又振兴了几年。再后来，洪天王病死了，天国也失败了……"

冯阿公痛心疾首，老泪纵横，再也讲不下去了。

大家听了都沉浸在悲痛之中。过了好一会儿，我自言自语地说："要是洪天王灭了清朝就好了。"然后问冯阿公，"阿公，洪天王死了以后，就没有人再起来反抗朝廷了吗？"

冯阿公感叹地说："唉！这就要看谁想做洪秀全第二了。"

我不假思索，脱口而出："阿公，我要做洪秀全第二，打倒皇帝！"

冯阿公摸着我的头，说："孩子，有志气！可这些话不能到外面乱讲，讲了是要杀头的。"

我没有辜负冯阿公的期望，一直朝着自己的理想而努力。后来，我终于和许多革命志士一道，推翻了腐朽的清王朝。

延伸阅读

"大总统会生气的"

1911年，辛亥革命爆发，推翻了清政府，孙中山当上了临时大总统。

一天，孙中山穿着一身便服，到参议院出席一个重要会议。凑巧在大门口执勤的卫兵是个新来的，不认识孙中山，还特别负责任。他看到一个穿着很普通的人径直往里走，便立刻上前拦住，并厉声喝道："站住！你是干什么的？今天这里有重要会议，闲人不得入内。"

大……大总统。

我是来开会的。

孙中山说:"我是来开会的。"

卫兵上下打量了他几眼,怀疑地说:"你是来开会的?今天来参加会议的是大总统和议员,不是随随便便就能进来的。快走,快走,不然大总统看见了会生气的!"

孙中山笑着说:"你怎么知道大总统会生气呢?"一边说着,一边掏出自己的证件交给卫兵。

卫兵一看证件,呆住了,这才知道眼前这个着装普通的人竟是大名鼎鼎的孙中山。他吓坏了,连连向孙中山敬礼请罪。

孙中山急忙拉住他,同时幽默地说:"你不要害怕,我不会生气的。"

被逐出考场的父子——刘伯承

中国人

革命家、军事家

出生地：四川开县（今重庆市开州区）

生活年代：1892年—1986年

主要成就：对中国革命胜利和新中国成立作出了重大贡献，推进了军队的现代化建设

优点提炼：志向远大，深具谋略

　　我小时候很聪明，但也很贪玩，如同那个年龄段的其他孩子一样，整天就是胡天海地地玩闹。从山上到河里，从树上到床底，都是我顽皮的舞台。父亲见我聪明伶俐，接受能力强，便想让我早点儿读书。于是，我刚满五岁就被送进了私塾。

在学堂里，我每天和孔夫子、孟夫子打交道，学习"三纲五常""仁义礼智信"这些枯燥无味的知识。显而易见，我的心思完全不在学习上，逃课贪玩的事情便时有发生。

有一次，我放学回家，将书包往桌子上一扔，就想跑出去玩耍。母亲将我叫住，问："书背熟了没？不要光想着玩。"

我随口答道："背熟了。不信，我背给你听听。"

我知道母亲不识字，就闭着眼睛胡背一通，时而说几句《三字经》里的句子，时而又扯到《论语》里的句子。东拉西扯了十几分钟，我睁开眼说："背完了。"

母亲犹豫地看着我，好像猜出我是在胡乱背诵；但她不识字，又不懂我背的是啥，也就拿我没办法。我正得意时，忽然听到父亲的声音从里屋传来："孝生（我的小名），你欺负你妈不识字，乱背什么？"

我没想到父亲在家，顿时羞愧万分。他是有文化的人，我无论如何也糊弄不了他，只得吞吞吐吐地说："我在背《论语》……"

父亲走出来，严厉地说："难道学堂里是这样教你背《论语》的吗？我告诉你，我可没有什么田产庄园留给你，只有一支笔，一锭墨。

"你不用功，看你今后怎么办！你以为妈妈不识字，就想欺骗她吗？小孩子不能学得这样坏！"

听着父亲的批评，我的眼泪一下就流出来了。母亲也知道了我在蒙骗她，伤心地哭着说："唉，小时候家里穷，没办法读书，所以指望着儿子读书明理。谁想到，你现在就开始骗我了！"

父亲将我拉到身边，摸着我的头，说："孝生，你自己说，以后怎么办？"我终于意识到自己的错误，赶忙走到母亲面前，说："妈妈，以后我再也不说谎了，一定要认真读书。"

从此以后，我真的开始刻苦读书，每天第一个到学堂，最后一个离开。回到家后，还要挑灯夜读。凡是我读过的书，上面都密密麻麻写满了批注。一部《孟子》，我读过无数遍，所有的空白处都写满了字。

老师任贤书很赏识我，经常当众称赞我："这个孩子学习刻苦，记性好。不仅能背诵正文，连注释也能背诵，将来会是一个很有才能的人。"

我在私塾里读了六年书，学问渐渐融会贯通。1904年，我十二岁，参加了清朝的最后一次科举考试。父亲为了陪我，也报了名。两人来到县里，一同参加考试，引起了不少议论。

"你看，那是父子两人一同来考试的。"

"呀，那有什么稀奇的，还有祖孙一起来考试的呢！这些年，我可见多了。"

旁人议论纷纷，我却毫不在意，心想，等我们父子都考中了，看你们还有什么话说。父亲怕我受到影响，也安慰我："不要管别人怎么议论，你只管好好考试就行。"

初试过后，我和父亲果然双双中榜。到放榜那天，我看到自己和

父亲的名字都在上面,忍不住大声欢呼:"爹,这次我们俩可都是榜上有名了。"

父亲故意装作不在意的样子:"我这么大岁数,连秀才都还没有考上,有什么好欢喜的。"话虽那样说,他脸上的笑容可是无法掩盖的。

可没过多久,有人检举我的祖父是吹鼓手,我和父亲属于"优人之后",不能参加后面的考试。监考官于是将我和父亲逐出了考场。眼看着大好前程破灭了,我十分沮丧,问父亲:"爹,什么是优人之后?为什么优人之后就不能参加考试呢?"

父亲悲愤地说:"当年你的爷爷因为家里穷,学了一门吹唢呐的手艺。遇到红白喜事，别人都来找他，请他当吹鼓手。他是优人，而我们就是优人之后。"

这个原因让我十分愤怒，于是哽咽着说："因为爷爷当过吹鼓手，我们就被剥夺了考试资格，这也太不公平了吧！咱们找主考官说理去！"

父亲苦笑一声，说："没有钱，谁会帮你说话。你说不公平，别人就会帮你吗？"

我心里最后的幻想破灭了，只得接受自己无法继续参加科举考试的命运。未来的路，一下子变得黑暗又漫长，让我根本看不清方向。

父亲看我有点儿心灰意冷，安慰我说："这腐败的朝廷，让穷人没有出路。孝生，你一定要努力奋斗，将来改变穷人的生活，让大家都有梦想，都能有出人头地的路径。我相信，凭你的聪明才智一定可以做到的。"

我仰起头，看着父亲充满希冀的目光，恢复了信心。我对父亲说："科举考试这样不合情理，早就应该废除了。我就算不参加科举考试，也一样能够成才，找到自己的出路。"

几年之后，辛亥革命爆发，我剃掉辫子，参加了学生军。在战斗中我作战勇敢，表现突出，很快由士兵提升为将领。我通过自己的真才实学，不断实现着自己的价值。

延伸阅读

智渡金沙江

刘伯承带兵打仗有勇有谋,年仅二十四岁时,他就有了"川军名将"的美称。

红军长征途中,情况一度十分危急,前有金沙江天险阻路,后有数十万追兵,许多人都担心部队过不了江。毛泽东却风趣地说:"朱德同志说过,四川称刘伯承是天龙下凡。凡间的江水怎么能挡得住龙呢?他会把我们带过去的!"

刘伯承不负众望。在党中央和毛泽东同志的指挥下,他将部队分为四路,四面出击,制造假象,让敌军无法摸清红军真正的渡江地点。部队指战员高喊着口号,士气大振。仅仅两周时间,红军接连取得几场大胜,成功渡过了金沙江,彻底粉碎了几十万敌军的"围剿"美梦。

努力实现梦想的孩子
——林语堂

学者、文学家、语言学家

中国人

出生地：福建龙溪（今福建省漳州市）

生活年代：1895年—1976年

主要成就：著有《吾国与吾民》《京华烟云》《生活的艺术》等知名作品，曾两度获诺贝尔文学奖提名

优点提炼：爱思考，善思辨，有目标

  闽南有一个阡陌纵横、溪水潺潺的小镇，名叫坂仔镇。我就在这里出生，在青山绿水间度过了人生最初的十年。我原名林和乐，后改名玉堂。当我进入大众视野并被熟知的时候，人们都叫我林语堂。

  十九世纪末，随着西方列强入侵中国，外国的很多牧师来到我的

家乡，他们信仰的基督教也随之传播开来。父亲很早就接触到基督教文化，成为当地的一位牧师。他经常在村里主持布道。但是在我们那个相对传统的小镇上，基督教作为一种舶来文化，自然不是很受村民们的欢迎：在教堂里牧师布道时，下面经常有人打瞌睡，有人聊天儿，可就是没有人专心听讲。

有一天下午，父亲在讲坛上兢兢业业地布道，台下仍是一片混乱。他打趣地说了一句："诸位姐妹如果说话的声音不这么大，这边的兄弟们便可以睡得更安稳一点儿了。"没想到他的话音刚落，反倒迎来了台下的安静和专注。父亲用他的风趣幽默赢得了大家的尊重。也正是因为有这样一位充满智慧的父亲，我们虽然生活不宽裕，性格却都乐观开朗。

在家里，父亲是我和兄弟姐妹的启蒙老师，但是他从来不用中国传统的"父父子子"那一套来束缚我们的成长。在这样平等开明的氛围下，我从小就喜欢思考一些和常人不一样的东西，这促成了我思辨天性的萌芽。

我很小就成了基督徒。每次吃饭前，长辈们都要进行虔诚的祷告，感谢上帝赐予的食物。于是，我也像模像样地跟着学。犯了错，我也会诚心地去教堂忏悔，请求上帝的原谅。

虽然和别人在做同一件事情，但我脑子里经常会冒出来很多疑问。比如，为什么吃饭前要向上帝祷告，难道粮食不是农民披星戴月辛苦耕耘才收获的吗？我因此追问过父亲。父亲对于我提出的古怪问题，并没有直接作答，只是微微一笑，要我自己去寻找答案。我想了好久，最后自己假设了一个理由：祷告是因为要感谢上帝赐予的风调雨顺。

可是，上帝真的存在吗？为了弄清楚这个问题，我曾想出了一个好办法。那时，教会办的学校食宿全免，但是食物的分量非常有限。正值生长发育中的我，即使刚吃了东西，不一会儿又觉得饥肠辘辘了。可是，街面上最便宜的素面也需要一个铜板，但我却身无分文。

不是说虔诚祈祷，上帝就会感知，并把福报带到身边来吗？于是我尝试着闭上双眼，默默地向上帝祈祷："仁慈的主啊，赐予我一个铜板吧！我实在是饿得不行了！"

然后我满怀期待地睁开眼，仔细地瞧瞧四周，却一个铜子儿也没看到！我心有狐疑，也许是上帝太忙，刚才没有听见我的祈祷。不如我再试试吧！

于是我再次虔诚祈祷：上帝啊，您一定要抽空听听我说话啊！我需要您的帮助，请赐给我一个铜板吧！

等我再睁开眼睛，手里还是一个铜子儿也没有。就这样一而再，再而三……结局是什么样就不用说了。

我把这次试验的结果告诉父亲。父亲摸着我的头，温和地说："上帝在我们心中，每个人都是自己的上帝。"

渐渐地我才明白了父亲的意思，上帝只不过是我们心中对美好的向往，真正能让自己摆脱窘状的，必须是自己的不懈努力。从此，我更加勤奋地学习，不断丰富自己的学识。

虽然出生于贫寒之家，但我仍能感受到家庭给我的深厚的爱。有很多小事，一直深深地烙印在我的脑海中。

那时，父亲每天早上都会摇响铃铛，召集我们几个兄弟姐妹到后院里学习。每个人都有指定的学习内容，由父亲亲自教导。除了在一起学习，我们还要分担家务。我的两个姐姐负责做饭和洗衣服，男孩子们则要打扫房屋。空闲的时候，我们就会聚在一起看日落，讲鬼怪故事。哥哥姐姐们讲的新奇故事成了我后来写作的最好素材。

在兄弟姐妹当中，我胆子最大，也最有想法。因为喜欢思考，爱好写作，所以我放出话去，说长大以后要当作家，还为此偷偷写了一本书（其实只有一页文字，一页插图）。后来大姐发现了我的秘密，并且告诉了其他兄弟姐妹。于是，全家人都把我的"作品"拿去争相观摩，还给予了一致的好评。至今大家都还能背诵其中的一首诗："人自高，终必败；持战甲，靠弓矢。而不知，他人强；他人力，千百倍。"

那时，我还经常和二姐一起编故事，用现在的话来说，便是一起合作写小说。我们把一起创作的故事讲给家人们听，他们总是拍手称好。

我十三岁那年，二姐嫁给了一个乡绅。出嫁前，她把我叫到一个没人的房间里，悄悄地塞给我四毛钱，略带伤感地对我说："我们很穷，姐姐不能多给你什么。你拿去好好用功念书，我相信你必定会有出息的。我是一个女儿家，虽然也想进大学念书，但现在看来是没办法实现了。你以后考上了大学，就来看看我吧！"

我含着泪点头答应。但是，还没等我考上大学，二姐就去世了。我更加感受到人生的无常、世事的不易，应该好好珍惜自己拥有的机会。也许正是因为这一点，我在学校更加发奋用功，后来终于不负众望，实现了自己当初的理想。

延伸阅读

林语堂的生活艺术

　　林语堂一生曾两次被提名为诺贝尔文学奖候选人。他的《生活的艺术》在美国重印四十余次,并被译成英、法、意、荷等国文字,成为欧美各阶层的"枕上书"。

　　《生活的艺术》这本书涉及的面非常宽广。林语堂在书中娓娓而谈,用一双发现美的眼睛向人们展现了一种完美生活的范本。他以平淡豁达的心态提到了庄子的淡泊,称赞了陶渊明的闲适,将中国人陶情遣兴的生活方式和浪漫高雅的东方情调淋漓尽致地表现出来。

　　在现实生活中,林语堂也是一个幽默高雅、懂得享受生活格调的人。就如他在书中说到的那样:"享受悠闲生活当然比享受奢侈生活便宜得多。要享受悠闲的生活,只要有一种艺术家的性情,在一种全然悠闲的情绪中,去消遣一个闲暇无事的下午。"

立志造桥的"书呆子"
——茅以升

桥梁专家、土木工程学家

中国人

出生地：江苏镇江（今江苏省镇江市）

生活年代：1896年—1989年

主要成就：主持设计了钱塘江大桥和武汉长江大桥

优点提炼：勤奋刻苦，志向远大

　　我出生在江苏镇江的一户书香世家。爷爷是个举人，思想进步，是当地的名士。爸爸参加过辛亥革命，也辉煌过一阵子。但我出生的时候，家境已经开始衰落。

我七岁时进入思益学堂读书。虽然我年纪小，个子矮，穿的衣服也很破旧，经常受同学的讥讽和嘲笑，但我发奋读书，一直是学校成绩最好的学生。

爷爷很喜欢我，想把他的满腹学问都传授给我。每到暑假，爷爷就亲自教我学习古文。他教学的方法很传统：先把文章从头到尾抄录一遍，边抄写边讲解；等全篇抄完之后，便让我开始背诵。

一天，爷爷用毛笔抄写班固的《东都赋》，我站在旁边默默背诵着。这篇赋写得很长，也很美，我被深深地吸引住了，神思随着赋里的文字到处悠游，体味其中不可言状的美好意境。

爷爷抄了很长时间。他写完最后一个字，将毛笔轻轻搁在笔架上，长吁了一口气。他见我站在一旁傻愣愣的样子，就问："你发什么呆？"

我这才从那种优美的意境中回过神来，对爷爷说："爷爷，这篇文章写得真好，用词优美，想象奇伟。我刚才已经把它背下来了。"

爷爷瞪大了眼，惊奇万分："才这么一会儿的工夫，你就能背诵了？来，背给我听听！"

我倚在爷爷怀里，抓着他的衣袖开始背诵，果然一字不差。

从那之后，爷爷认定我是一棵读书的好苗子。为了防止我骄傲自满，爷爷总是给我讲《神笔马良》的故事。他告诉我："马良得到神笔的秘诀就是'勤奋'二字。如果你不勤奋学习，整天躺在家里做梦，以为神笔会从天而降，那永远都只是一场空想！"

我虚心地接受爷爷的教导,将"勤奋"这两个字深深地铭刻在心里,凡是需要学习和记忆的东西,我总是付出比别人更多的努力。

有一次,学校举办新年联欢晚会,同学们轮流表演节目。当轮到我时,我大步走到教室中央,对同学们说:"我既不会弹琴,也不会跳舞。我给大家背圆周率吧!"

说完,我一口气将圆周率背到小数点后一百位,而且毫无错误。老师和同学们听完都惊呆了,过了很久,教室里才响起热烈的掌声。

有同学问:"你是怎么将这些记住的?"

我谦虚地说:"我不过是多练习了几次而已,没有什么了不起的。"

我十一岁那年,和同学约好去看赛龙舟。赛龙舟是我们当地的一种风俗,每年端午节都会在秦淮河上举行,十分热闹。

谁想天有不测风云，可能是过于激动，我在端午节的前一天晚上肚子疼了一夜，根本没法儿睡觉。第二天早上，我想按约定去看赛龙舟，可不管我怎么软磨硬泡，妈妈就是不允许我出门。我没有办法，只得在家休息。

我孤单地躺在床上，想到小伙伴们开心地到处玩耍，不由得非常郁闷，眼巴巴地盼望着有人能早点儿回来，给我讲讲赛龙舟的盛大场面。

好不容易盼到傍晚，有个同学慌慌张张地跑过来告诉我："不好了，秦淮河上出事了！"

"怎么了，是不是龙舟翻了？"我急忙问道。

"不是，今天去看赛龙舟的人太多了。大家都挤在文德桥上，想近距离观看，结果把桥压垮了。"

"什么，桥垮了？掉下去多少人？"我不禁大吃一惊。

同学深吸了一口气，用颤抖的声音说："掉下去好多人，数都数不过来。咱们班好几个同学都淹死了。当时岸上、河里哭喊、呼救声响成一片，可惨了！"

同学说着说着，控制不住地大哭起来。

听到这个消息，我泪如泉涌，心里久久不能平静。我先是有点儿庆幸——如果我今天站在桥上，说不定也已经遇难了；可紧接着我又为自己有这样的想法而感到羞愧。我的眼前总是来回闪现着那些熟悉的身影，那些活泼可爱的小伙伴们，有的再也见不到了。

爸爸见我伤心难过，走进来安慰我。我激动地对爸爸说："等我长大了，一定要学造桥，为大家造最结实的桥。"

"好啊，有志气！我相信你一定能造出最好的大桥。"爸爸听了很高兴。

从那以后，我就同桥结下了不解之缘，身心几乎全被桥占据了。

不论我走到哪里，只要见到桥，就会从上到下看个够，了解各种桥的结构有什么不同，所用材料有什么特点。看书的时候，只要发现有关桥的知识，我就赶紧抄在本子上，以免忘记。就连无意中发现的桥的图画和照片，我也像珍宝一样收藏起来。

有一次，我在小河边散步，手捧着一篇有关桥梁的论文在看，不提防一下子撞在一棵树上。当时我正看得入迷，连头也没抬一下，只是大喊了一声："你干吗打我！"过路人看见这情景，都哈哈大笑起来。

这件事情很快在周围传遍了，大家都说我是个呆子。亲友们也不理解，觉得我变傻了。他们不好意思问我，就旁敲侧击地问我爸爸。爸爸就自豪地告诉大家："你们不了解他。他是个有理想的孩子，所以才会不在意这些小事情。"

在我的辛勤努力下，我的知识一天天增长，每次考试都是全班第一。高中毕业时，我以优异的成绩考入唐山路矿学堂，随后被保送到美国留学，专门学习土木工程。回国后，我主持设计了钱塘江大桥，像当初对自己承诺的那样，建出了当时最好的跨江大桥。

延伸阅读

两次修建的大桥

钱塘江大桥第一次建成于1937年9月。它是茅以升学成归国后的心血之作。当时抗日战争刚刚爆发，在日军飞机的轰炸下，工人们昼夜施工，保证大桥上的铁路和公路相继通车，为支援淞沪抗战立下了汗马功劳。

后来，战局不利，杭州失守，日本侵略军马上就要杀到江边。为了阻止敌人前进，茅以升奉命炸毁自己亲手设计的大桥。他泪流满面，仰天痛哭，立下了"不复原桥不丈夫"的誓言。

抗战胜利后，茅以升找出特意保存下来的图纸，重新修复了钱塘江大桥，实现了自己的誓言。

一定会修复的！

我的"秘密花园"——茅盾

中国人

作家、文学评论家、社会活动家

出生地：浙江桐乡（今浙江省嘉兴市）

生活年代：1896年—1981年

主要成就：新文化运动先驱、中国革命文艺奠基人，代表作有《子夜》《林家铺子》《蚀》三部曲

优点提炼：好读书，理想远大

我叫沈德鸿，出生于一个典型的知识分子家庭：我的父亲是一名秀才，不仅具有开明的思想，也通晓医学、物理等自然科学；母亲是一位知书达理、有着新潮思想的新时代女性。

从小在这样的家庭长大，让我接受到良好的教育。

上小学后，我认识的字越来越多，阅读量也越来越大。这时候，我对小说产生了浓厚的兴趣。这还得感谢我家后面的一个堆放破烂儿的小杂屋。那里堆放着各种杂七杂八的书籍，比如《七侠五义》《三国演义》《西游记》之类，这可让我挖到宝了。

我手不释卷地阅读起来，里面扣人心弦的情节深深地吸引了我。可我又不敢大张旗鼓地阅读。因为父亲向来主张实业救国，希望我将来学理工科，不支持我看这些"闲书"。但作为开明的知识分子，他也不会强行禁止我的爱好。在他看来，这些书虽然没有太大的作用，但我从中也多多少少能学到点儿文理知识。

没有来自父母的压力，我看的小说越来越多，读书速度也越来越快。九岁那年暑假，我跟着母亲去舅舅家度假，本来想着也许会是一个漫长的夏天。但到了那里之后，我立刻发现了一个"秘密花园"——原来舅舅家的书房里也收藏着为数不少的小说。

我如获至宝，趴在书架上一本本翻看起来。因为没看过的书实在太多了，我不由得手忙脚乱起来，这本书看几页，赶紧放下来，又翻开另一本书，几乎是一目十行。没过一会儿，我就忙得满头大汗，但心里却兴奋不已。

正忙乱间，一个书名吸引了我的注意——《野叟曝言》。这不就是我找了很久的那本书吗？我赶紧跑过去，将这本书拿出来，细细阅读。

这是部清代的通俗小说,有"天下第一奇书"之称。我对它早就有所耳闻,但一直没有机会阅读。

我也顾不上找椅子,直接往地上一坐,就开始看起来。直到吃晚饭的时候,我坐在饭桌前,依然舍不得把书放下。

舅舅笑着打趣说:"这么厚一本书,恐怕一年才能看完吧?不用急在一时,反正又没人和你抢。"

我不服气地答道:"这么几页纸,哪里用得着看一年?我觉得三天就够了。"

舅舅摇摇头,表示不相信。其他人也都在摇头。我觉得自尊心受到了打击,脸涨得通红,但又不好反驳,只好在心里暗暗思量,等我三天后把书看完了,你们会大吃一惊。

我抱着这本书,废寝忘食地阅读起来,用了不到四天的时间,就把这本一百多万字的大部头"啃"完了。吃饭的时候,我当着全家人的面对舅舅说:"舅舅,这本书我三天就看完了。要不要给你讲讲书中的故事?很有意思哦!"

舅舅愣了一下,随即醒悟过来,大笑说:"没想到你还挺记仇的。既然你这么喜欢看书,我就把这本书送给你了。"

大量的阅读,不仅让我的文学素养有所提升,也让我学习到了丰富的知识,历史的、哲学的、道德的、科学的……包罗万象,应有尽有。我的写作水平也在潜移默化中得到了提高。

我进入中学之后,更加努力地学习中国古典文学,并勤学勤练,作文一次比一次写得好。有一次,一位学贯中西的老师给我们布置一道作业,让我们凭着自己的兴趣和爱好写一篇文章。

听到老师的话,大家都愣了愣,一时茫然无措,不知从何下手。我迷茫了一会儿,心想:这不正是抒发自己心声的好机会吗?平时心中的种种想法,都可以在这一刻表达出来。心中的郁结之气,也都可以完全发泄出来。

于是,我提笔在纸上写下了《志在鸿鹄》。这是借鉴庄子《逍遥游》中的寓意而作,主要讲述一只展翅高飞的大鸟,在空中翱翔时,嘲笑在地上仰着头无可奈何的猎人。这篇文章正是借用大鸟的形象,来表现我的少年壮志。

老师看了我的文章,十分赞赏,说:"沈德鸿的文章写得好。年轻人就是要有雄心壮志,努力进取,做展翅高飞的大鹏鸟。你们也要树立远大的理想。"

老师的话,让我深受鼓舞。当然,这一切都得益于我丰富的阅读。是书籍让我的头脑更丰富,让我的思想更成熟!

延伸阅读

茅盾的笔名

茅盾本名沈德鸿,是中国笔名最多的作家,他前前后后用过的笔名竟然高达125个。其中"茅盾"是他最常用的笔名。关于这个笔名的由来,背后还有个故事。

1927年大革命失败后,蒋介石政府对革命人士进行大肆屠杀。

沈德鸿由于参加了革命活动,也在通缉名单上。他隐姓埋名,通过写小说来赚取生活费,内心十分苦闷,就在手稿上署名为"矛盾"。

叶圣陶看了他的手稿,觉得小说写得很好,唯独对署名有些担心。

　　他认为"矛盾"一看就不像是真名，而且"矛"也不是真姓氏，这样有可能引起蒋介石政府的怀疑。为保险起见，叶圣陶建议在"矛"字上加个草字头，改为"茅盾"。"茅"字是姓氏，用这个字就不会引人注目了。于是沈德鸿采纳了他的意见，用"茅盾"作为自己的笔名。

我的笔名就是个矛盾！

小书迷的创作梦
——冰心

中国人

诗人、作家、翻译家

出生地：福建福州（今福建省福州市）

生活年代：1900年—1999年

主要成就：代表作有《繁星》《春水》；其创作的通讯散文《寄小读者》，是早期中国儿童文学的经典佳作

优点提炼：酷爱看书，勤勉创作

我是个孤独的孩子，从小在烟台的海边长大。三四岁时，整天看见的只有青郁的山，无边的海，穿蓝衣的水兵和灰白色的军舰。父亲在海军学校工作，军务繁忙，根本无暇顾及我。我就每天在海边漫游，

和水兵们做朋友。

有一次，我一个人跑到军营，摸着一个水兵拿的枪，天真地问他："你打过海战吗？"

"没有。"水兵老老实实地回答。

我装着老成的口气说："我父亲就打过，可是他打输了。"

当时我并不知道，父亲输过的那场战争叫中日甲午战争，也不知道这场战争给中国带来的伤害和苦痛。我还小，只是本能地觉得打仗输了不是一件好事。

水兵的脸涨得通红，激动地说："你等着，总有一天你父亲还会带我们去打仗。我们一定要打个胜仗，你信不信？"

我乖巧地点点头，将这句话深深地印在脑海里。多少年以后，我还清楚地记得那位水兵当时的模样，还有那慷慨激昂的话语。

有时候下雨，我无法出去游玩，就缠着母亲或奶娘讲故事。可她们讲来讲去都是《牛郎织女》《梁山伯与祝英台》那几个传说故事，我很快就听腻了。

这时候，舅舅给我带来了新的期待。他答应只要我按时完成功课，就在晚饭后给我讲《三国演义》。我虽然不知道《三国演义》是什么，但料想是比《牛郎织女》更好听的故事。

第一天，舅舅给我讲了"桃园三结义"。莽撞的张飞和重义的关羽让我印象深刻，我很快就喜欢上了这个故事。舅舅的口才好，故事讲得活灵活现，让我听得如痴如醉，欲罢不能。可听到最关键的时候，他却突然打住，笑眯眯地说："欲知后事如何，且听下回分解。"

我大闹着不依，非缠着舅舅再讲一段。舅舅却说："好故事不能讲得太多，要慢慢听才有趣。"奶娘也过来劝我，连哄带骗地把我拉去睡觉，让我第二天再接着听。

从那以后，我每天都盼望着舅舅给我讲《三国演义》。可舅舅也有工作，他公务一忙，《三国演义》就讲不成了。有时他一连四五天都没有讲，我急得如同热锅上的蚂蚁，在他面前转来转去。但他毫不理睬我的暗示，只专心工作，看都不看我一眼。

我被逼无奈，只得从书架上找出《三国演义》，自己翻看。我那时只有七岁，也认识一些字，于是就囫囵吞枣、一知半解地读着，居然越读越有趣，一口气读完了整本书，还记住了其中不少精彩片段。

后来，我就开始给别人讲三国故事了。我学着书中人物的口吻对话，学得惟妙惟肖，能让人开怀大笑。每次聚会，父亲都把我抱到圆桌上，让我给他的同事们讲《三国演义》。眼看着大家围过来，我就神气而又一本正经地说道："话天下大势，分久必合，合久必分……"顿时，四周响起一片掌声。听完故事，父亲的同事们都纷纷称赞，夸我聪明伶俐，还奖励给我商务印书馆最新翻译的外文书。

我八岁时，就已经看过很多书了，眼界也越来越开阔。如果碰到想看的书，我就让送信的马夫到书店去购买。当时我在学校学习造句、写短文，做得好的话，先生会给我一毛钱作为奖励。为了凑齐买书的钱，我就拼命写好作文，简直是到了废寝忘食的地步。

我看书仿佛入了魔，头也不梳，脸也不洗，海边也不去。有时候完全沉浸在书中，一个人偷笑，或者号啕大哭。母亲在旁边看着，生怕我出什么问题，就劝我出去玩，我也不听。

有一次母亲让我洗澡，我却在澡房里偷偷看书，水凉了都没觉察。母亲发火了，将我手里的《聊斋志异》夺过去，撕成两半，扔到墙边。我也不生气，小心地望望母亲，胆怯地走到墙边，捡起地上的半截《聊斋志异》继续看。母亲觉得我又好气又好笑，却拿我无可奈何。

不久，我又开始偷偷写小说。第一部名为《落草山英雄传》，是介于《三国演义》和《水浒传》之间的一种题材。其实这种创作是一

种简单的模仿或抄袭，只不过把故事稍微改头换面，再加上其他一些幼稚想象。最开始我写得兴致勃勃，想到一句就赶紧写下来。但写到第三回就写不下去了。原因很简单，我的词汇量太少了。每次形容打仗都是"金鼓齐鸣，刀枪并举"，才写三回，就已经重复几十次了，实在没意思。

不过我并不气馁，又换了《聊斋志异》的体裁，用文言文写。这次取名叫《梦草斋志异》。但是这本书的结局也是一样，因为语言匮乏而中途夭折了。

后来我才明白，写好故事可不那么容易，要在其中加入自己的创作，还要用丰富多彩的语言来组织它们。我用很长的时间阅读、背诵和积累，后来终于实现了自己的创作梦。如果大家有和我一样的梦想，一定要脚踏实地，多做积累哦！

延伸阅读

生命从80岁开始

1980年，冰心已经80岁，病痛缠身，先是患有脑血栓，后来又不幸骨折。但病痛不能令她放下手中的笔，年岁也不能阻挡她前进的脚步。她在《三寄小读者》的"写信代序"里说："总不能使我相信我竟然已经80岁了！"她不服老，依然保持着儿童的天真。西方有句谚语"生命从40岁开始"。冰心说："我想从1981年起，病好后再好好练习写字，练习走路，生命从80岁开始，努力和小朋友一同前进！"

当年，冰心发表的短篇小说《空巢》，获全国优秀短篇小说奖。儿童文学作品选集《小橘灯》等，在全国少年儿童文艺创作评奖中获荣誉奖。接着她又创作了《万般皆上品……》《远来的和尚》等佳作。

散文方面，除《三寄小读者》外，还有《晚晴集》《记事珠》等，其数量之多，内容之丰富，创作风格之独特，更使她的文学成就达到一个新的境界。

钱氏家训出神童
——钱学森

出生地：上海市

中国人

科学家

生活年代：1911年—2009年

主要成就：中国载人航天奠基人，中国科学院及中国工程院院士，中国两弹一星功勋奖章获得者，被誉为"中国航天之父""中国导弹之父""中国自动化控制之父""火箭之王"；他的辛勤工作和无私奉献，使中国导弹、原子弹的研制发射向前推进了至少20年

优点提炼：从小立志，笃定前行

听母亲说，一般的孩子出生时，都是头部先出，而我却是双脚先落地。算命先生说，我这叫"踏莲而降"，要是能够幸运地活下来，将来必成大器。家里人虽然都知道这是迷信的说法，但是我的出生确

实给他们带来了欢乐，于是全家人就更宠爱我了。

我们钱家是一个很有社会声望的家族，相传是吴越国王钱镠（liú）的后代，历朝历代出了不少大官和学者。我的父亲就是一位受过良好中西教育的学者。我们一家三口生活得幸福而温馨。

我的母亲是一位多才多艺的大家闺秀，性格开朗，聪颖过人，在我很小的时候就开始给我讲头悬梁、锥刺股、凿壁借光、囊萤苦读之类古人发愤读书的故事；还会给我讲岳飞精忠报国，诸葛亮辅佐蜀国刘备、刘禅父子"鞠躬尽瘁，死而后已"的感人事迹。每当这时，我都听得极其入迷，心中充满了对古人的崇敬与向往。

待我稍微大点儿之后，每天清晨，母亲都会催促我起床早读。饭后，在她的教导下，我学习唐诗宋词，累了就翻看些读物，或者画画、练习毛笔字。日复一日，从未间断。因此在三岁时，我就能背诵上百首唐诗宋词，还能用心算做加减乘除运算。邻居们都称赞我是个"小神童"。

父亲也没有忘记自己的责任，只要一有空闲，就会向我提出一些幽默风趣的问题，以开发我的智力；或者给我买一些花花绿绿的小书。我贪婪地吸取着书本上各种知识的营养……

随着年龄的增长，那些浅显的儿童读物渐渐对我失去了吸引力。我开始将目光转向父亲的大书橱，偷偷地去翻那些厚厚的大书。

有一次，我搬出《水浒传》来读，深深地被书里面的人物和故事所吸引。不过，我也在看故事的过程中产生了一些疑问。有一天，我

问父亲:"《水浒传》里的108个英雄,真的是天上的108颗星星下凡到人间的吗?"

面对这突如其来的提问,父亲感到很诧异:"孩子,你为什么会这么问呢?"

我说:"我只是想弄清楚,人间的大英雄是不是都是天上的星星变成的?"

父亲笑着对我说:"儿子,这本书是文学家写的小说,是经过艺术创作加工的。书里的那些人物其实并没有那么超凡脱俗,他们也是普通人。"

"那您的意思是说,他们不是天上的星星?"我还在纠结于这一点。

"是的,他们不是星星下凡。他们只是从小就怀有远大的志向,不畏惧困难,不断地努力,才取得让人惊叹的成就的。"

我听了父亲的话,自言自语道:"他们既然不是星星变的,只是普通人,那么我是不是也能像他们那样,干出一番大事业来呢?"

"当然,你也可以成为大英雄!但是这得有个前提,就是你必须先要努力学好知识,增长自己的本领。"爸爸语重心长地说。

和父亲讨论过这个问题后,我一下子明白了很多。之后,"努力学习,贡献社会"这个志向开始深深地印在我的心中。

延伸阅读

制作飞镖的秘密

钱学森在北京师大附属小学求学的时候,很喜欢和小伙伴们一起玩掷飞镖的游戏。这种飞镖用硬纸片折成,头部是尖的,有一副向后掠的翅膀,掷出去能向前飞行一段距离,有时还能绕圈子飞行。

每次,钱学森折的飞镖总是飞得又稳又远,比别人的厉害多了。小伙伴们都十分惊奇，以为这里边有什么秘密。

老师知道这件事之后，也很想了解其中的奥秘，于是就请钱学森给大家揭开谜底。钱学森说："我折的飞镖没有什么秘密，只不过是经过多次改造才完成的。首先，我折飞镖用的纸比较光滑。然后，制作时注意飞镖的头不能太重，重了就会往下扎；头也不能太轻，轻了尾巴就重，就会先往上飞，然后再掉下来。另外，翅膀不能太小，也不能太大；太小就飞不平稳，太大又飞不远，爱兜圈子……就是这样。"

老师听了之后，高兴地说："折一个小小飞镖也蕴藏着科学啊！钱学森同学是爱动脑子的好学生。"从这之后，同学们对钱学森更加信服了。

诺贝尔奖不是梦——杨振宁

中国人

物理学家

出生地：安徽合肥县（今安徽省肥西县）

生活年代：1922年至今

主要成就：提出"宇称不守恒"理论，获诺贝尔物理学奖

优点提炼：志向远大，勤学苦读

　　我叫杨振宁。我出生时，爸爸在安徽安庆教书。安庆那时也叫怀宁，我名字中的"宁"字就是这么来的。

　　我还不到一岁，爸爸就赴美留学了。我是跟着妈妈长大的。妈妈是一位传统的中国女性，小时候只念过几年私塾。虽然她没念过太多

的书，也完全没接触过新式教育，但对我的教育却丝毫没有松懈。在我四岁时，妈妈就开始教我识字。短短的一年多时间，她就教会了我三千多个字。妈妈就是我的启蒙老师，是她把我引入了知识的殿堂。

后来，妈妈觉得自己教我已经有些力不从心了，就果断地把我送进了学堂。一开始，学堂里的老先生就教我《龙文鞭影》（中国古代非常有名的儿童启蒙读物，介绍中国历史上的人物典故和逸事传说，四字一句，两句押韵，读起来抑扬顿挫，朗朗上口）。我能认识三千多个字，这可帮了我的大忙，很快我就能把书上的内容背得滚瓜烂熟了。

我六岁那年，爸爸获得数学博士学位后回国了。他看到我的第一句话就是："小家伙，念过书了没有啊？"

虽然我面对眼前这位既熟悉又陌生的爸爸还有些不自在，却笑嘻嘻地回答："念过了！"

"那你告诉爸爸，都念了些什么书啊？能背给爸爸听听吗？"爸爸把我抱起来，坐在凳子上。

"《龙文鞭影》……"我晃着小脑袋，得意地背起来。

听我流利地背完书，爸爸十分满意，掏出一支钢笔作为奖品送给我。我接过爸爸的礼物，高兴极了。

也就是这一年，爸爸受聘为厦门大学数学系教授，并开始教我许许多多的新知识：地理、历史、英文、数学……这些广博的知识，开阔了我的视野，也大大增强了我的求知欲。

有一次，我听说科学界有一个让全世界的科学家都心向往之的奖项——诺贝尔奖。虽然不知道要拿到这个奖需要付出多大的努力和取得多大的成就，但我已在心里默默地种下了一颗诺贝尔奖的种子。我拍着胸脯对爸爸说："爸爸，我长大了也要拿诺贝尔奖！"

看着我信心十足的样子，爸爸也为我加油："好好学习吧，这样才有机会拿到诺贝尔奖！"

既然有了目标，我就铆足了劲儿要往前冲。可是，我这时却遇到了一个拦路虎——英语。要想拿到诺贝尔奖，这可是一道必须迈过的坎儿。好在爸爸在美国留过学，我就向爸爸请教。爸爸告诉我："初学英语的人，发音很重要，语法也很重要。如果只靠死记硬背来学习

语法，会很吃力，说起英语来也会很生硬的。"

为了避免学成生硬的英语，爸爸建议我每天至少要朗诵十分钟英语。这对于我来说，可是一个不小的挑战。我一直因为害怕自己的英语念得很难听而不敢大声念出来，这不是要把我的缺点全部暴露出来吗？

可为了学好英语，也顾不上那么多了。于是，我每天放声朗读。

这样坚持了一段时间，我的英语发音没有以前那么难听了，成绩也奇迹般地好转了，有些句子竟然能够脱口而出。

凭借各科优秀的成绩，我在十六岁那年考入了西南联大（抗日战争时期，为了保存中华民族的教育精华免受毁灭，北京大学、清华大学和南开大学迁入昆明，联合而成西南联大）。在这段非常时期，学校的学习条件十分艰苦：教室多是土墙铁皮房，房顶也是铁皮顶，下雨时会被雨滴敲打得响个不停；教室的泥土地之前早已被大雨冲洗得坑坑洼洼；很多窗户上没有玻璃，一阵寒风吹过，我们全身都会哆嗦起来……

除了艰苦的学习条件，我们都挤在土墙茅草搭成的宿舍里，有时甚至连饭都吃不饱，衣都穿不暖。但是，我们从不泄气。有时候，我们一边吃掺杂着谷子、稗子、沙子的糙米饭，一边开玩笑地说这是美味的"八宝饭"；鞋子穿到底都磨没了，我们就称这是"脚踏实地"；鞋子前后都破了洞，我们就说这是"空前绝后"……

我相信，只要心中的梦想不灭，一切都会变得乐观起来；只要苦读不辍，我的诺贝尔奖之路就不会是个梦，终究会有实现的一天。

> **延伸阅读**

我要比洋人强

杨振宁从小就有着很强烈的民族意识。在他七八岁的时候,有一天,家里来了很多客人,大家围坐在一起闲谈,言语间谈到的都是"升官""发财"之类的话。

一位客人见杨振宁一直沉默不语,就问他:"振宁,你长大后想干什么呢?"

我比洋人强!

诺贝尔奖

"是不是也想跟大家一样做大官、发大财呀？"妈妈故意问，但她知道儿子心中有着自己的想法。

小振宁摇摇头，干脆地说："我长大要比洋人强！"

这些有钱有势的亲戚，听到小振宁的回答，都愣住了。大家都认为杨家只是清贫的学者之家，杨家的孩子也一定想以后当官发财呢！小振宁的这个回答真是让人出乎意料，仔细想一想，就更让人有些汗颜。

少年侠客梦——金庸

中国人

作家、评论家、社会活动家

出生地：浙江海宁（今浙江省海宁市）

生活年代：1924年—2018年

主要成就：现代武侠小说作家、评论家、社会活动家，创作了《射雕英雄传》《神雕侠侣》《天龙八部》《鹿鼎记》等武侠小说，均风靡华人世界

优点提炼：侠义心肠，敢做敢当

　　我生于浙江海宁，原名查良镛。我们查家是当地望族，书香世家。我的童年是快乐和富足的，生活特别惬意。从我记事起，就发现家里人空闲的时候都喜欢看书。我家的藏书实在是太多了，我登上梯子都

够不着书柜的顶端。不管是天文地理还是小说诗词，只要想看，简直是取之不尽。这些书里头，我最喜欢看《水浒传》《红楼梦》之类的古典小说，它们是我那时候最宝贵的财富。

小时候，我有些害羞，在陌生人面前说话很慢，还有些口吃，但是和我的两个弟弟却很亲近。每天晚上，我都会给他们讲书上看来的那些故事。说来也奇怪，一到讲故事的时候，我口吃的毛病就没有了。我可以把故事讲得绘声绘色，让他们听得津津有味。到后来，我把看过的故事都讲完了，弟弟们还缠着我不放。我只好现编一些新故事来讲。没想到他们对这些新故事也很感兴趣，说比原来的故事还要精彩，这可把我乐坏了。我渐渐萌发了要把这些故事写下来的念头。

那时候，我最崇拜的人是我祖父。他是我们家族的最后一位进士，曾担任过丹阳的知县。在他任职期间，外国的传教士在丹阳为非作歹，激起民愤。大家忍无可忍，就将教堂烧毁了。上司为了给洋人老爷一个交代，限期让我祖父彻查是谁带头放火的，要将那人抓来斩首。我祖父不忍心帮着外国人来欺负中国人，就暗中帮助放火的人逃走，然后主动辞官不干了。

祖父的做法在我心中留下了不可磨灭的印记。他的淡然、洒脱和忧国忧民的情怀，就是我心目中的大侠风范。这种"侠气"深深地感染着我，不自觉地渗透到我写的小说之中。

我读中学的时候，抗日战争爆发了。我的家乡海宁沦陷，母亲也在逃亡途中病逝，我甚至没有见到她最后一面。我在学校的生活十分困难，虽说学费全免，衣服鞋袜却没人提供。我只好穿着军训时发的旧军装，大冬天也只穿两件单衣，赤脚穿着草鞋。只是我的注意力全部放在了认真读书上，所以也不觉得艰苦。在看似平淡的生活里，侠义的种子在我心中早已悄悄萌芽。

当时，我们学校的训育主任很不近情理。他戴着一副眼镜，平时说话喜欢用"如果"两字，常用一些莫须有的罪名压制学生。学生们私底下叫他"如果"。他每天像幽魂一样在校园里巡视，看到男女学生的接触稍微多一点儿，就马上开除。休息时间的娱乐活动，比如下围棋之类的，也通通不许。学生们敢怒而不敢言，虽然背地里议论纷纷，却不敢向他当面提意见。

有一次，我看到又一个无辜的学生被他责罚，心中的"侠气"立即上涌，想要做点儿什么教训他一下。但我一个小孩子，能做什么呢？很快，我想到了写作这个厉害的武器。我文笔不错，加上当时年少，不知天高地厚，当即在图书馆外的壁报上发表了一篇《阿丽丝漫游记》，讽刺训育主任。

我在文章里写道：阿丽丝千里迢迢来到我们学校，正兴高采烈地观赏风景之时，发现了一条色彩斑斓的眼镜蛇。这条眼镜蛇口喷毒液，东游西逛，时而到教室，时而到寝室，口出狂言："如果，你活得不耐烦了，就叫你永远不得超生……如果……"

学生们发现了这篇文章，争相围观，很快图书馆外便挤满了人。前排的人高声朗读，后排的人看不见，就竖起耳朵听着，并不时呐喊助威。虽然没有指名道姓，但大家都知道说的是谁。一时间，我侠名远播，成为同学们佩服的偶像。

我借阿丽丝之口说出了同学们的心里话。虽说是童言无忌，但也招致了严重的后果。没过几天，我就为自己的一时冲动付出了代价——训育主任恼羞成怒，要将我从学校开除。

但是大家都不同意，校长也站出来为我求情："不过是小孩子胡乱涂抹罢了，我看没必要太过当真。"

但是，训育主任还是利用自己的后台势力，将我开除了。校长同情我的处境，将开除改为退学，又帮我转入别的学校继续学业。

这件事虽然造成了不好的后果，但是我的侠义之心不改，更立志绝不向恶势力低头。我在心里暗暗发誓，以后一定要用手中的笔，将正义发扬光大，让中国的"侠义"文化被更多人了解。

延伸阅读

"女儿"出嫁没办法

金庸的武侠小说震惊文坛，人人争相捧读。他借此机会创办了自己的报纸，称作《明报》。他每日发表社论，同时连载一段武侠小说，吸引了不少读者。《明报》创办时，资本仅10万元港币。三十多年过后，等《明报》股票上市，其市值已达8.7亿元港币，金庸独占六成。

1992年，金庸出人意料地卖掉了《明报》的股份，开始周游世界，纵情山水，享受人生。

有一次，记者在采访金庸先生时问道："听说，你把报业看作自己的儿女。现在你把它们卖了,是不是等于卖了自己的儿女呢?"这个问题很尖锐,不论回答是与不是,都不妥当。金庸先生却不假思索,从容答道:"不是卖儿女,是女儿出嫁了。女儿要出嫁,这是没办法的事。"

　　金庸先生的机智豁达,可见一斑。

济世良医的大抱负
——屠呦呦

药学家

中国人

出生地：浙江省宁波市

生活年代：1930年至今

主要成就：创制新型抗疟药——青蒿素和双氢青蒿素；2015年荣获诺贝尔生理学或医学奖

优点提炼：立志探索，执着梦想，不怕苦累

  1930年12月30日，我出生于浙江宁波一个中医世家，是家里五个孩子中唯一的女孩。说起我的名字，很多人都不理解。其实在给我取名这个事情上，爸爸是颇费心思的。

当时他翻看了很多资料，一直没找到中意的。最后读到《诗经》中的"呦呦鹿鸣，食野之苹"诗句时，偶得"呦呦"二字，于是就给我取名"屠呦呦"。"呦呦"是鹿鸣的意思，也许爸爸是希望我能够像小鹿一样快乐地成长吧。

爸爸是一位开堂坐诊的中医，还喜欢自己钻研医理。我从小在那样的家庭环境中长大，很大程度上会受到他的影响。每当爸爸去书房看书，我也会在他旁边，装模作样摆本书看。虽然看不太懂文字部分，但是中医药方面的书，大多配有插图。我十分享受那段简单而快乐的读图岁月。

当时，我家楼顶上有一个摆满各类医书的小阁楼，那里便成了我童年时期的阅览室。古典类的医学书如《黄帝内经》《神农本草经》《伤寒杂病论》《千金方》《四部医典》《本草纲目》《温热论》《临症指南医案》……都与我在那段时间有过亲密接触呢！记得当时年纪小，识字不多，但是在磕磕绊绊中，我慢慢爱上了医学。

日子一天天过去，我慢慢地长大懂事。我从那个爱读医书的小女孩，俨然变成了爸爸的小帮手。一有时间，我就泡在爸爸的诊所里偷师学艺。

有一天，正当我缠着爸爸问这问那的时候，来了一位重症病人。据说他已经去过不少地方医治，可病情都不见好转。爸爸很认真地察看了病人的情况，又问了家属一连串的问题，都没能找出病因所在。

那天晚上，爸爸茶饭不思，早早地躲进了小阁楼里，翻阅那些厚厚的医书。我睡到半夜，还迷迷糊糊地看到阁楼里闪着的灯光。

第二天，我起床的时候，却发现爸爸已经出去了。我赶紧跑到诊所，果然在那里找到了他。昨天那位病人也在家属的陪伴下，又一次出现在诊所里。这一次，爸爸不再像昨天那样眉头紧锁，而是胸有成竹地给病人诊治，很快确定了他的病因。

接下来，爸爸又细心地给病人配好药，包好交给家属，并嘱咐一定要按时按量吃。我看着爸爸忙碌的身影，感觉他特别崇高。同时，我的眼前好像浮现出自己给别人医治的模样。我立下志愿，一定要做一个像爸爸那样的好医生。

没过几天，那位病人又来到诊所。不过这一次他不是来看病的，而是给爸爸送来一面大红锦旗。

"感谢医生，你真是华佗转世呀！为了这个病，我可没少看医生，但是一直都没见好转。就这次，全好了！"

目睹了这一真实的事件之后，我越发感受到医生这一职业的伟大。治病救人，带给人新生，这样的善举，很让人感动。

那时候，爸爸不仅要坐诊，还经常亲自外出采药。我自然不会放过这样的机会。爸爸背着背篓钻进山林，我也会紧随其后；爸爸抄起铁铲挖掘，或捧起药草嗅闻，我也会照做不误。

我总是有一大堆数也数不清的问题，不停地发问，从而在心中一点一滴地积累关于中草药的知识。后来，我还积累了一些医学方面的

"三脚猫功夫"。没想到这些知识还真的很管用呢。要是哪个同学肚子痛了，我会根据经验进行基本的判断，给出建议；哪个同学摔跤擦破了皮，我会很专业地处理伤口。于是，我成了学校有名的"课堂小医生"。

在学校，我的整体课业成绩不算拔尖儿，但是我特别喜欢生物课。每次生物老师在课堂上讲课，我都听得津津有味。有一次，老师开玩笑似的说："如果其他同学都能像屠呦呦一样勤学好问，认真听讲，我即使再辛苦也开心！"

我就是有这个特点，只要自己喜欢的事情，就会努力去做，做到尽善尽美。后来，我在选择专业的时候毫不犹豫地选择了医学，不过并不是家人所期待的中医，而是当时绝大多数人毫无兴趣的生药学专业。

这个决定让爸爸也有些意外:"呦呦,你选这个专业,那你积累的这么多中医知识,不都白费了吗?"

"爸爸,你也知道,药物是治疗疾病的主要手段。我认为只有生药学专业才最可能系统地探索中医药领域。中医历史悠久,博大精深,有很多值得研究的地方。"

爸爸思量了一会儿,说:"我原本只希望你长大了做好一个医生。没想到,你有更大的抱负!"

"当然,我要为医学界作出应有的贡献。"我信誓旦旦地说。

"爸爸相信你。加油,你会成功的!"

得到了爸爸的赞许,我也很开心。因为这个时候,家人给予我的支持是我前进的巨大动力。事实证明,我确实在未来找到了属于自己的舞台。

延伸阅读

青蒿素之母

新中国成立以来,我国的医疗技术水平有了长足的发展,但是应对疟疾等疾病的特效药研究却一直进展缓慢。为了改变这一现状，女药学家屠呦呦从1969年开始着手研制治疗疟疾的药物。她从中草药青蒿中成功筛选出对鼠疟原虫有很好抑制性的提取物青蒿素，并进行了一系列改良，挽救了全球数百万人的生命。这被称为"20世纪下半叶最伟大的医学创举"。屠呦呦也被誉为"青蒿素之母"。

2011年，屠呦呦获得了被誉为"诺贝尔奖风向标"的拉斯克临床医学奖。2015年，屠呦呦获得诺贝尔生理学或医学奖，这是中国医学界迄今为止获得的最高世界级奖项。

展翅翱翔的中国少年
——刘翔

中国人

运动员

出生地：上海

生活年代：1983年至今

主要成就：雅典奥运会男子110米栏冠军，以12.91秒的成绩打破奥运会纪录

优点提炼：不服输，有闯劲

我是男子110米栏奥运冠军刘翔。不过，在我很小的时候，我并不叫这个名字，而是叫"刘吉"——因为我妈妈姓"吉"，嘿嘿。不过后来有人说，"刘吉"这个名字不好，和"留级"同音。怕被同学

们笑话,所以我就改名叫"刘翔"了。"翔"字有"飞翔"的意思,寓意着我可以跑得很快,像飞起来一样,这可真是一个好名字。

在大人的眼里,我一直是个讲卫生的好孩子,饭前便后洗手自然是不用说了,我还会把自己的床铺和写字台整理得干干净净,连一根头发丝儿都没有。

爸爸妈妈对我的要求一直很严格,偏偏我又很调皮,每次走路都蹦蹦跳跳的,还专挑那些有台阶的、坑坑洼洼的地方跑,有时候还爬到高墙上面表演"平衡绝技"。爸爸被我吓坏了,先用好话把我哄下来——免得我慌不择路摔伤了手脚——等我平安落地之后,迎来的却是爸爸的一顿"竹笋炒肉"(就是用竹条打屁股啦)。

后来我长大一些了,如果爸爸又要打我,我就学着大人的口吻跟

他谈判:"爸,你可不可以别打我了。我现在是小男子汉了,你得跟我讲道理,别一天到晚动不动就打人。"妈妈也在旁边帮我的忙:"就是就是!翔翔都长大了,就算有什么地方做错事,好好说也可以的嘛!"爸爸虽然口头上仍旧凶巴巴的,坚持说犯了错误就该接受惩罚,但他后来果然没有再打我,而是好好地跟我讲道理。

有一次,我为了耍酷,把头发染成了棕黄色,这事很快就被火眼金睛的爸爸发现了。他气呼呼地训斥我:"你这是什么头啊,不伦不类的,真是难看死了!"

我说:"这叫酷,叫流行。"

爸爸一听,更生气了:"酷?染个黄毛就叫酷?你是好好的中国人,黄皮肤黑头发的中国人。中国人的黑头发才叫酷呢!"

这话让我很震惊。爸爸说得对,我们是中国人,中国人就应该是黑头发。

于是第二天我就到美发店把头发染回来了——当然是换了一家美发店啦,不然人家还以为我有毛病呢。前一天才来染好,第二天又染了回去,钱多得没地方花呀!呵呵!

我是运动员,还是说说我小时候进行体育训练的事情吧。读书的时候,我加入了学校的田径队,每天都要和同伴们进行几小时的体育训练。跑道上的煤灰飞溅起来,经常溅我们一脸;起跳处也因为被我们反复踩踏,凹下去形成了一个小坑。

休息的时候，伙伴们就凑到一起玩闹，相互取外号。我因为个子高，被大家叫作"奥特曼"。另一个高个子的同学很羡慕我，总是要跟我比个头儿。可是在他长高的同时，我也长高了，他怎么都比不过我（我现在的个头儿可是 1 米 89 哦）。他说："哎呀，比不过刘翔，这真是我心头永远的痛啊！"

当然，我们聚在一起除了比个头儿，更喜欢做的事情是比运动成绩。我那时属于跳高组，但是经常和短跑组的人一起跑 60 米。每次我都很拼命，加上爆发力强，短跑组的人基本上都跑不过我。他们每次输了都恨得牙根痒痒："刘翔是跳高组的人，可跑得却比我们快。我们还练什么短跑，转行跳高算了！"

不过，我也因为跟别人比赛吃过苦头。有一次，短跑组叫了一个年龄比我大几岁的人跟我比。那个人跑得确实快，我拼命奔跑都追不上他，反倒因为用力过猛摔倒了，下巴撞在砖头上，出了很多血。但是我当时只想着赢他，竟然忘记了疼痛，还一个劲儿地喊："再来，再跑一次！"

教练说，就是因为我拥有这种不服输的劲头，所以每次比赛都不怯场，越是比赛就越兴奋，越是遇到强劲的对手，越能高水平发挥。这大概也是我后来赢得奥运会金牌的重要原因吧。

延伸阅读

一日为师，终身为父

刘翔和他的指导教练孙海平的关系非常好。这么多年，刘翔和孙海平在一起的时间比和自己父母在一起的时间还要长，因此他不像别人那样喊孙教练为"指导"，而是叫"师傅"。

每天早上，无论训练与否，孙海平都会根据不同的时间安排，给刘翔打个电话，提醒他该吃早饭了；出行时，无论是坐飞机，

还是赶班车，师傅都会把最好的座位给刘翔留着；每次在餐馆吃饭，孙海平都会让刘翔点自己最爱吃的菜，或者是他觉得刘翔爱吃的，就夹给他吃。尤其是在奥运会上取得成绩后，刘翔一旦在公开场合露面，就会出现场面失控的局面。出于对自己徒弟的爱护，孙海平对刘翔几乎是贴身保护，形影不离。久而久之，两人看上去不像师徒，更像父子。

　　孙海平把全部的心血都倾注在刘翔身上，甚至没有时间照顾自己的父母，这让刘翔十分感动。雅典奥运会后，获得金牌的刘翔第一时间赶去看望了孙海平的母亲，以此感谢师傅对自己的栽培和教导之恩。"一日为师，终身为父"，这句话他更是永远铭记于心。

有胆有识的安善王子
——居鲁士二世

出生地：波斯安善（位于今伊朗扎格罗斯山脉中）

波斯人

军事家、政治家

生活年代：约公元前590年或约公元前580年—公元前529年

主要成就：创建了第一个横跨欧亚非三大洲的君主制国家——波斯帝国（阿契美尼德王朝）

优点提炼：有胆有识，颇具领导能力和号召力

  我们全家都是米底国国王的奴隶，住在靠近波斯湾的山区牧场，那里人烟稀少，常有野兽出没。爸爸和妈妈很疼爱我，让我的童年充满了快乐。我还是远近闻名的孩子王。

  一天，我把村里的孩子们召集到一起玩当国王的游戏。小伙伴们

都推选我当国王。我也不客气,马上像真国王一样发号施令:"既然你们选我当国王,就要听我的话。如果谁不听话,我就打谁的屁股!"

"听话,我们听话!"伙伴们齐声喊道。

我开始给每个人分派任务,有的当大臣,有的当将军,有的当传令官,有的当密探……最后,我指着一个贵族家的孩子说:"你,当我的卫兵。"

那个孩子不服气,说:"哼!我是贵族,你是奴隶,我凭什么给你当卫兵?我不干!"

我火冒三丈,说:"我是国王,你敢不听我的命令?"

他不屑地看了我一眼,嘲笑道:"你那个国王是假的。你就是一个下贱的奴隶崽子!"

我怒不可遏,指着他骂道:"你大胆!敢不听国王的命令。来人哪,把他拖下去重打二十棍!"

这个家伙仗着自己是贵族身份,平时就经常欺负人,小伙伴们早就对他恨之入骨了。今天听到我的命令,一拥而上,把他拖倒在地,结结实实地揍了他一顿。他爬起来,边哭边指着我说:"你等着,我让我爸爸去告你!"说完,一瘸一拐地跑了。

我没有在意,游戏结束后就回家了。没想到,这家伙的爸爸真的跑到国王那里告了我一状。国王派人把我和爸爸抓进宫,冲着我怒斥道:"你这贱民的儿子,竟敢打贵族的儿子,你可知罪吗?"

我一点儿也不害怕，落落大方地朗声答道："陛下，这是他罪有应得。我们在一起玩耍时，大家都选我做国王。所有的孩子都按我的吩咐去做，只有他不把我放在眼里，不服从派遣。因此，他才受到处分。如果我因为这个要受罚的话，那就请陛下随意处治好了。"

国王听我这么说，不由得吃惊地看着我。他好像发现了什么，仔细盯着我看了好长时间，突然问道："你今年几岁？"

我说："十岁。"

他又问："你爸爸是谁？"

我说："我爸爸是陛下的奴隶，他的名字叫米特拉达铁斯。"

国王把我爸爸带到旁边的一间密室。过了很长时间，爸爸伤痕累累地出来了，显然是受了酷刑。我赶紧扶住爸爸，关切地问："爸爸，他们打你啦？"爸爸摆了摆手，没有说话。

国王回到宝座上，怒气冲冲地说："来人，把王室总管哈尔帕哥斯带上来！"

王室总管哈尔帕哥斯战战兢兢地进来了。国王指着爸爸说："哈尔帕哥斯，你认识这个奴隶米特拉达铁斯吗？他什么都招了，你招不招啊？"

总管一见爸爸，吓得惊叫一声，瘫倒在地。他哆哆嗦嗦地说："国王陛下，饶命啊！我愿意招供，把事情都告诉您。"接着，总管竟然讲了一个有关我身世的离奇故事。

原来，米底国王就是我的外公，我的妈妈是米底公主，爸爸则是安善国王。有一次，外公做了一个梦，梦见妈妈的肚子里长出一根葡萄藤，枝繁叶茂，遮住了很大一片地方。外公醒了以后，找来一个解梦的僧侣圆梦。僧侣预言，公主的后代会取代国王。外公马上吩咐下去，一旦公主生下孩子，立刻把新生儿弄死。不久，我便出生了。外公叫总管哈尔帕哥斯把我带到宫外杀死埋掉。可总管没有下手，而是把我交给奴隶米特拉达铁斯，也就是我现在的爸爸。总管对爸爸说："国王命令你把这个孩子带到山上杀死。如果不执行命令，你就会死无葬身之地。"

讲到这里，总管不知道后来发生的事情了。国王又叫我爸爸讲，爸爸接着上面的故事讲了下去。

爸爸抱着我回到牧场，打算扔到山里让野兽吃掉。走到半路上，遇到自己的妻子，也就是我现在的妈妈。妈妈哭着说，她刚生的孩子死了。爸爸把总管交代的差事一说，妈妈抱着我亲个没够。她哭着对爸爸说："千万别害死这个孩子，就把他交给我来抚养吧。你用咱们死去的孩子交差好了。"就这样，我被调包，成了一个奴隶的孩子。

听完这个离奇曲折的故事，我如梦方醒，这才知道自己的身世。外公饶恕了总管哈尔帕哥斯，却处死了他的儿子。然后，外公又把那个解梦的僧侣找来，询问该怎么处置我。僧侣听了事情的经过后，说："陛下，您不用为这孩子担心害怕了，因为他已经在游戏中当过国王了，

也就应验了您的梦兆，不会第二次成为国王的。至于这孩子，您还是把他送回他亲生父母身边吧。"

外公心中欢喜，马上派人把我护送到了亲生父母那里。我摇身一变，从奴隶变成了安善王子。

延伸阅读

智取巴比伦城

居鲁士当上波斯国王后，向外扩张，一直打到西亚强国新巴比伦王国。

巴比伦城内一片惊慌，国王却显得非常自信。他认为，巴比伦城有三道高大的城墙，还有一套复杂的水力防御装置，只要敌人入侵到城下，一放水闸，大水就会冲下来，把城外的敌人统统淹死。

一天傍晚，守城的将军跑来报告："国王陛下，波斯军队开始攻城了！"

"立即开闸放水！"国王大声命令。

当天半夜，国王正在寝宫酣睡，突然被急促的敲门声惊醒。侍卫神色慌张地报告："不好了，波斯军队已经冲进城了，快要打到王宫了！"

"胡说！难道他们会从天上掉下来吗？"国王立刻命令卫队抵抗。可是已经晚了，居鲁士的军队已经把全城占领了。

原来，居鲁士早就秘密派人化装潜入城内，用金银财宝收买了富商显贵和祭司，要他们做内应，献出巴比伦城。这些贪财的家伙故意把护城河水引到另外一个方向,并趁夜打开城门,把波斯军队放进城来。

居鲁士不费吹灰之力征服了新巴比伦王国。他下令将波斯帝国都城迁到繁华的巴比伦城,并向全世界宣布,自己是"宇宙四方之王"。

上帝的袜子——林肯

美国人　政治家

出生地：肯塔基州哈丁县

生活年代：1809年—1865年

主要成就：废除了奴隶制，取得南北战争胜利，维护了国家统一

优点提炼：爱读书，不放弃梦想

　　我叫林肯，1809年出生在肯塔基州一个荒凉的农场里。从小我就知道，我家十分清贫，我不能像别的孩子那样，想要什么就可以得到什么。

　　我八岁那年的一个冬夜里，当别人家的孩子都和家人围在饭桌前，准备享受快乐的晚餐,我却佝偻着腰,衣衫不整地在一家鞋店的玻璃橱前捡煤屑。我看着自己脚上破烂不堪的鞋子,再看看橱窗里陈列的设计精美的样品,心中不禁生出许多羡慕和渴望:要是我也有一双这样的鞋子该多好啊!

就在这时,鞋店的门被推开了,店主史密斯叔叔一脸慈祥地看着我:"请问有什么需要我帮忙的吗?"

我怯生生地回答:"我希望能得到一双合适的鞋子。"

这时,史密斯夫人走过来,说:"亲爱的,你看这孩子多可怜。我们送给他一双鞋子吧!"

史密斯叔叔微笑着摇了摇头,转身从橱柜里拿出一双精美的袜子,递给我说:"对不起啊孩子,我现在还不能给你一双鞋子。但我知道你很努力,所以可以送给你一双袜子。"

"哦,好吧,谢谢!"我接过袜子,心中有些小小的失望。

看到我失望的表情,史密斯叔叔把我拉进屋里,端来一盆温水,将我脏兮兮的脚洗干净,然后说了一番让我受益终身的话:"孩子,我们对未来都会心存一些美好的愿望,但不经过努力,这些愿望是无法实现的。正如在果园里,我们把种子播种下去,却并不能马上收获。我们还需要精心呵护,用心浇灌,它才能开出美丽的花朵,最后结出丰硕的果实。我小时候也曾希望能拥有一家鞋店。可是一开始,我只得到了一套做鞋的工具。从那时候开始,我先后做过擦鞋童、学徒、修鞋匠、皮鞋设计师……二十多年以后，我终于拥有了这条街上最大的鞋店。孩子，你现在只要拿着这双袜子，努力追求梦想，终有一天，你也会像我一样，自己创造成功！"

虽然当时我还只是个小孩子，不能完全理解史密斯叔叔的话，但我心中却豁然开朗，梦想的种子似乎已经在悄悄发芽。我坚信，只要我朝着自己的梦想努力前进，终有一天能走向成功。当时我就暗暗下定决心，要努力学习，用知识武装自己，将来做一个成功的人。

后来，我们全家搬迁到印第安纳州，开始了开荒种地的生活。家里的活儿多得喘不过气来，因此，作为家里的小小男子汉，我也充当起了劳动力，帮家里干农活儿。

虽然每天都忙于干活儿，但这并不能阻止我对知识的渴望，对读书的热爱。没有钱买书，我就从小伙伴那里借来算术书，一页一页抄下来。等全部抄完之后，我就用麻线把这一页页纸缝合起来。就这样，一本"DIY"的算术书就大功告成了。

没有时间去学校读书，我就在干农活儿时把书带在身边，只要一有空闲，就算是中午吃饭休息的时间，我也会一手拿着玉米饼，一手捧着书，如饥似渴地读起来。

有时候，我会用木炭在木板上做算术题，或者用自制的黑墨水练字。到了晚上，我就借着火炉里射出来的火光看书。不过，因为家里实在太穷，我看的书大多是借来的。

有一次，我从邻村大叔那儿借到了一本向往已久的《华盛顿传》。这可把我高兴坏了，一到休息时间就沉浸其中。有一天下着大雨，我正想着不用出去干活儿，可以好好在家看书了，却突然发现这本《华盛顿传》被房顶上漏下来的雨水浸湿了，完全成了一团纸糊！

当时我又急又气，急的是对这本借来的书必须做出赔偿，气的是书中的故事这么精彩，我还没看完呢！

我皱着眉头越想越伤心，但是不管如何，还得去给大叔一个交代。

第二天，我一脸愁云地跑到大叔家，说："叔叔，对不起，我没有照看好您的书，它被屋里漏的雨水淋湿了。虽然我没钱赔您的书，但我可以给您干三天活儿，来赔偿您的书，您看可以吗？"

也许是我的真诚打动了大叔，他一点儿都没有埋怨我，满口答应

让我在他家干三天杂活儿。

于是，我拼了力气，为大叔家劈柴、烧火，整整忙活了三天，这样我才如释重负地准备回家。临走前，大叔竟然又拿出一本《华盛顿传》递给我，和蔼地对我说："你真是个懂事的好孩子！这是我新买的，你一定还没有看完吧？现在我把它作为奖励送给你！"

我双手接过梦寐以求的《华盛顿传》，心里别提有多高兴了。也就是从这时候开始，我真正懂得了如果想要得到什么，就要一心一意为此付出努力，愿望才会实现。

延伸阅读

林肯轶事

林肯小时候生活的环境十分艰苦，但这并不影响他拥有乐观和调皮的一面。他偶尔也会跟大家开个玩笑。

早在读书的时候，有一次老师在上课的时候问他："你愿意答一道难题，还是两道容易的题目？"

林肯信心十足地说："一道难题吧。"

"那好，鸡蛋是从哪儿来的？"

林肯回答："母鸡生的呗！这个问题很简单。"

老师又问："别高兴得太早。你知道鸡又是从哪儿来的吗？"

"老师，这已经是第二道题了。"林肯微笑着说。

他的回答让老师一下子无话可说，只能尴尬地笑了笑。就这样，林肯机智地为自己摆脱了困境。

追梦少年——梵高

画家　荷兰人

出生地：北布拉班特省津德尔特

生活年代：1853年—1890年

主要成就：后印象派画家，对西方20世纪的艺术影响深远；创作名画《星夜》《向日葵》《有乌鸦的麦田》等

优点提炼：热情奔放，为理想而不懈努力

  我的爸爸是个牧师。他经常带着我出门传教，想把我也培养成一名传教士。

  从内心来说，我更喜欢一个人静静地待在家里，或者一个人到野外去玩。周围的人都说我是个性格孤僻的人，很难相处。有时候，

我带着玻璃瓶和渔网到河边去逮鱼。弟弟妹妹们明明知道跟着我很好玩儿，能逮到许多鱼和各种各样的甲壳虫，但他们没有一个人敢在我身后问："哥哥，能带我一起去吗？"他们知道，我寻求的不是陪伴，而是孤独。

我上学以后，迷上了绘画，动不动就用棍子在地上画一匹驮稻草的马或者一只流泪的狗。

八岁那年，我偷偷画了一幅画，画的是冬天花园的景象，一只猫在光秃秃的苹果树上疯狂地奔跑。我不知道自己画得怎么样，就拿给妈妈看。她看了以后，非常吃惊，说："孩子，你真是个天才呀！我都不敢相信这是你画的！"我却觉得，自己的画没有妈妈说的那么好，她这么夸奖我很可能是怕我难过。于是，我把那幅画悄悄地撕了。

有一次，爸爸带我去看望我的叔叔，他在海牙经营着一家画店。到了叔叔店里，我被眼前陈列的绘画惊呆了。当看到比利时画家德·格鲁的《穷人的席位》时，我禁不住泪流满面，抽泣着对爸爸说："我看到了一种说不出来的凄凉景象。聚在角落里等待施舍的穷人，他们是多么不幸啊！"

在回家的路上，我望着道路两旁美丽的乡村景色，把双臂举起来，仰头看着蓝天，大声喊道："啊，现在我终于知道应该崇拜谁了！"

牧师爸爸顿时喜形于色，说："我为你骄傲，孩子。快跟我说说你崇拜的偶像。"

"好的，爸爸。我崇拜伦勃朗、德拉克洛瓦、米勒、雅克路易·大卫、朱理·勃列东，还有……"我一口气说出了好几位荷兰和法国画家的名字。

爸爸听了感到很意外："什么，居然不是上帝？难道你不想继承我的职业吗？"

我的脸上布满迷惘，问道："这是您的心愿吗？爸爸，可是我想我也许更适合干别的什么。"

爸爸的脸上失去了原有的光泽。他明白，我已经不可能成为他的接班人了。到家后，他为此生了一场病。

叔叔见我对绘画这么感兴趣，就安排我到他的画店去当一名职员。我对这份工作非常满意，它使我有机会接触更多的画家和他们优秀的作品。

过了几年，弟弟提奥从家乡来看我。我们俩的感情很好，他对我选择绘画举双手赞成。我在提奥面前喋喋不休，介绍自己购买和收藏的画。提奥一言不发，静静地听着。

窗外正下着雨，柏树和杨树被洗涤得像一个个精神抖擞的小伙子。两旁镶嵌着鹅卵石的小方砖道路，也被冲洗得闪闪发光。

"也许我们能看到美丽的彩虹！"看到这样的美景，我兴奋地说。

时间不长，果然雨过天晴，彩虹真的出现了。透过窗户望去，我产生了一个奇怪的想法：如果把窗户以及它所包含的景致都割下来，会是一件多么神奇的作品啊！我不会放过这个欣赏自然界美好景物的机会，拉着提奥的手，向外面跑去。

我们来到旧运河旁边的一座磨坊里，只见一个老婆婆坐在里面，她的孙女在磨坊外的干草堆旁边挤牛奶，奶牛拴在一棵柏树上，一切都显得那么宁静安详。老婆婆请我和提奥喝鲜牛奶，温热的牛奶清醇可口。我忽然记起海牙画家魏森勃鲁赫画过一幅有关磨坊的画，更觉得他画的正是这座磨坊。

我问老婆婆和小姑娘。小姑娘抢着说："你说魏森勃鲁赫先生呀？我们村子里的人都叫他'愉快的魏斯'。他经常在这儿画画。"

这是我第一次走入画家所画过的景物中，一时激动得难以形容。

我拉着提奥围着磨坊转圈子，转了一圈又一圈，然后说："亲爱

的提奥，你看画家们多么伟大！他们理解大自然，热爱大自然，并且教导我们去欣赏大自然。谁要是真正热爱大自然的话，谁就能随处发现美的东西！"

提奥瞪大眼睛，认真地说："哥哥，你像艺术家一样伟大。你就是一个艺术家，至少以后一定是！"

我被提奥的话惊呆了，心里涌动着一股不可名状的激情。可是，我能行吗？

提奥的预言应验了。后来，我创作的许多作品都成了经典的传世之作。可是，我并不快乐，因为当时除了提奥，这个世界上没有一个人真正理解我。

延伸阅读

生前只卖出过一幅画的画家

梵高是世界上伟大的画家之一，但在他生活的年代，他的画作并不被人们认可。他一生穷困潦倒，生前只卖出过一幅油画——《红色的葡萄园》（该画现存于莫斯科）。

据说,这幅画的买主是梵高弟弟的一个朋友。梵高的弟弟一直无私地帮助哥哥,支持哥哥。为了鼓励哥哥,弟弟请朋友以400法郎的价格向梵高购买了这幅《红色的葡萄园》。

梵高特别希望自己的作品能被世人所欣赏,但是至死都没能如愿。

直到几十年之后,人们才终于认识到了梵高作品的价值,各大博物馆争相以数千万甚至上亿美元的天价收藏他的作品。

虽然晚了点儿,但我很欣慰!

"差等生"的故事
——丘吉尔

出生地：英格兰牛津郡伍德斯托克

政治家、军事家、演说家、作家

英国人

生活年代：1874年—1965年

主要成就：两度担任英国首相，是20世纪最重要的政治领袖之一，带领英国取得第二次世界大战的胜利；1953年获得诺贝尔文学奖

优点提炼：有个性，不屈服

  我出身于名门望族，家庭条件非常优越。爸爸妈妈对我很严厉，但不太关心我的生活。我是跟着保姆长大的，她很溺爱我。在这样的环境里，我的性格变得倔强而又任性。

  七岁那年，我被送到阿斯科特的圣乔治学校读书。这是一所专为上流社会办的学校，设施和师资力量都是一流的，学费自然也非常贵。我过惯了衣来伸手、饭来张口的日子，哪舍得离开家呢？我坐在地毯上，踢腿耍赖，大哭大闹："我不要去那么远的地方念书，更不要住校！"不过，我的苦苦哀求没有成功，没能使爸爸妈妈改变主意。

上学第一天，老师把我领到教室，问道："你以前学过拉丁文吗？"

"没学过，先生。"我回答。

老师拿出一本薄薄的书交给我，说："这是一本拉丁文语法书。"

他翻到其中一页，指着一组句子，接着说："你必须把这些词尾的变化记熟。我半小时以后回来，看你能记住多少。"

老师走了，只留下我一个人在教室里。半小时后，老师回到教室，对我这个新生进行智力摸底测试。我虽然按老师的要求全都念出来了，但心里根本不知道这些词是什么意思。老师却点点头，看样子对我还挺满意。

我觉得受到了鼓励，于是壮着胆子提出一个问题："先生，这些拉丁字母拼在一起是什么意思？"

"它的意思是桌子。"

"为什么这些字母拼在一起的意思就是桌子呢？"我还是不太明白。

"桌子就是桌子。你如果还不明白，可以问问桌子，问它为什么叫桌子！"老师不耐烦地说。

听了老师的话，我感到既惊异又委屈。

"你下次再这样无礼，我就要严厉地处罚你！"老师甩下一句冷冰冰的话，气哼哼地走了。

我不知所措，眼泪差点儿从眼眶里流出来。从那以后，我一见拉丁文就头痛，成绩如何，也就可想而知了。

我还发现，一个月当中总有两到三次，学校会把所有学生集合到图书馆，把犯错的学生带到隔壁房间，请校长用鞭子狠狠地抽打他们。

图书馆里的学生听着鞭打的声音和受罚同学的求饶哭喊，都吓得全身发抖。哼，这是杀鸡给猴看！我很瞧不起学校的这种伎俩。

我的学习成绩很差，还是班上有名的淘气鬼，难免会被抓住把柄，拖去挨鞭子。但我从不向他们屈服,即使被打得皮开肉绽,也咬紧牙关,一声不吭。有一次趁校长不在,我拿起他的一顶礼帽丢在地上,踩得稀巴烂,算是出了一口恶气。后来,妈妈不得不把我转到另外一所学校。

在我十三岁的时候,爸爸又把我送到哈罗公学去接受进一步的教育,为将来上大学打基础。在哈罗公学,我的学习成绩仍旧很差。不过,有一点让我觉得很新鲜:学校经常安排学生到步枪队接受操练和射击训练,与假想敌一起演习作战和战术拉练。就像我从小就喜欢玩打仗的游戏一样。这对于我来说,简直是如鱼得水。另外,学校那个露天大游泳池,也是我寻找乐趣的好地方。

有一天,我看见一个又矮又瘦的学生披着毛巾,站在游泳池边想心事。不知怎么,我的脑海中突然冒出一个恶作剧的念头,觉得眼前这个弱者是最好的戏弄对象。我蹑手蹑脚地走到那个学生后面,趁他没有防备,猛地把他推到了池子里。

那个学生从水中探出一张愤怒的脸,拼命游向游泳池边。我见势不妙,转身就跑。可是已经来不及了,那个人上岸后凶狠地掐着我的脖子,不由分说就把我拖进深水中灌了好几口水。

"你知道他是谁吗?他是比你高两个年级的艾默里,橄榄球队选手。这回你可找错对象了!"围观的同学幸灾乐祸地说。

我这才知道自己惹祸上身,连忙赔礼道歉。可是艾默里还是不依不饶。我急中生智,说:"我见你个子不大,还以为是同年级的呢!

我父亲是个大人物，他的个子也不大。看来，你今后也一定会成为大人物！"听了这话，周围的同学爆发出一阵笑声，这场风波才平息下来。

我也得到了教训：不能以貌取人。

我偏科严重，只有历史和英文成绩好，进大学深造的希望十分渺茫。这一直是爸爸非常担心的问题。只有我的外祖父表现出乐观的态度："不用担心，男孩子只要找到可以施展才能的机会，也会成功的。"

一次，我在房间里和弟弟玩打仗的游戏，爸爸悄悄走进来，默默地在身后观察了好长时间，然后问我："你愿意当军人吗？"

"愿意，我要当司令官。"我随口答道。

爸爸终于下了决心，让我报考桑赫斯特皇家军事学院。经过三次投考，我终于兴高采烈地跨进了军校的大门。

延伸阅读

丘吉尔裸见罗斯福

第二次世界大战期间，丘吉尔有一次访问白宫，要求美国给予英国军事援助。

丘吉尔有一个癖好，那就是嘴里叼着一支特大号的"哈瓦那"雪茄，泡在浴缸里休息。这一天，他又泡在白宫的大浴缸里，大肚子露出水面，惬意地享受着雪茄。突然，有人敲响浴室的门。

"进来吧，进来吧！"丘吉尔大声喊道。

门开了，出现在门口的是坐着轮椅的美国总统罗斯福。他看到丘吉尔一丝不挂的样子，感到非常尴尬，转过轮椅想退出去。

"进来吧，总统先生。"丘吉尔伸出双臂，大声喊道。

为了缓和尴尬气氛，罗斯福马上开口道："我有急事找您商谈。这下可好了，我们这次真的能够坦诚相见了。"

丘吉尔在浴缸中泰然自若地说："总统，在这样的情形下，您应该相信，我这个首相对您真的是毫无隐瞒啊！"

两人一阵大笑，似乎一切问题都在这善意的笑声中解决了。打那以后，英国从美国那里得到了全面的军事援助，并最终迎来了战争的胜利。

总会飞上天空
——戈达德

- 出生地：马萨诸塞州伍斯特市
- 发明家、物理学家
- 美国人
- 生活年代：1882年—1945年
- 主要成就：1926年成功发射世界上第一枚液体火箭；是美国最早的火箭发动机发明家
- 优点提炼：一旦树立人生目标，百折不挠，勇往直前

  我从小体弱多病，学习成绩也不好，是老师眼里的差生。我最大的爱好就是阅读科幻小说和摆弄机械。

  有一年，城里要举办一次射箭比赛。比赛的规则很特别，参加的

人可以用任何工具和方法，用射的、丢的、扔的、抛的方法，甚至把箭绑在母鸡身上也行，看谁能把箭射得高，最高者获胜。参赛的大人、孩子都想尽方法把箭射得更高。大人们用的是臂力，小孩子要想赢的话，只能依靠脑力。

我先用手臂的力量试了试，连弓都拉不开。我又想到用腿的力量肯定可以把弓拉满，射得远一点儿。用腿的力量果然能拉满弓，但射得还是不远。我又想，如果把箭绑在灌满氢气的气球上，气球带着箭升到高空，行不行呢？我随即又否定了这个方案，因为气球在空中被风一吹，就带着箭乱飘，不知道会飘到什么地方。这样也会违反比赛规则，因为规则还有一条：箭必须落在指定的小草地上。后来，我终于想出一个妙法，用铝金属来做气球，既可以轻得飞上天空，又可以重得不受风的影响，确保箭落在规定的范围内。

我邀请了两个好朋友，组成"金属气球三剑客"，开始制造铝气球。我们凑钱买了五磅铝，放到铁锅里，每天放学以后就躲在储藏室里用火烧。可烧了十多天，铝还是没有熔化。好心的妈妈看不下去了，花钱给我们买了一大块的铝箔片。原料有了，下一步就要研究怎么把铝箔片制成枕头状的气球。我们三剑客到图书馆借来了各种有关铝的图书资料，边看边学，边学边做。

十天后，大功告成。当天晚上，我在日记里写道："下课后，铝气球制好了。胜利！"

比赛那天,我们三剑客把铝气球带到比赛场地,立刻引起了轰动。

大人小孩儿都好奇地围着我们三个,他们从来没有见过用这种方式射箭的。我满怀信心地对他们说:"这次比赛的胜利是属于我们三剑客的!"

"你的这个丑八怪能不能飞起来呀?"有人提出了疑问。

我大声说:"能不能飞起来,待会儿就知道了。你们都瞪大眼睛瞧着吧!"

我们小心翼翼地抬出氢气罐,把管子接上铝气球的尾端开口。大人小孩儿把我们围在中间,盯着我们的一举一动。等他们的好奇心升到最高点后,我打开了氢气筒的开关阀,眼看着气球鼓起来,鼓起来……

人群开始骚动起来,人们不停地喊道:"鼓起来了,就要起飞了,就要起飞了……"

喊了好一阵子,那个铝气球也没有飞起来。周围声音渐渐由欢呼变成了嘲讽:"这个气球太重了,重得像头铁猪,怎么可能飞到天上去呢?"我们三剑客臊得脸上火辣辣的,恨不得找个地缝钻进去。

那天夜里,我在日记里悲痛地宣布:"铝气球'铁猪1号'升空失败!"但我不甘心就这么失败,又加了一句话,"不过,终究有一天,它会飞上天空的。"

十七岁那年,我得了慢性胃病,只好休学,到奶奶家的农庄养病。一天下午,我闲得无聊,就借口帮助奶奶修剪果树的枯枝,爬上门口

的一棵高大的樱桃树，坐在树杈上读英国著名作家韦尔斯的科幻小说《星际大战》，讲的是火星人入侵地球的故事。我被小说里那些充满想象力的情节吸引住了，等我的眼睛恋恋不舍地离开书，向远处的天空眺望时，我的脑海里突然闪出一个念头：要是我能做个飞行器飞到火星去，该多好啊！我好像真的看见了在原野的地平线上，一个奇异的飞行器腾空而起，疾速上升，飞向蓝天，飞出大气层，然后向火星飞去……

当我从树上爬下来时，便成了一个拥有美丽梦想的与众不同的孩子。我相信，自己的这个梦想一定能够实现。我也明白，现在要做的头一件事就是读好书，尤其是物理和数学，即使讨厌也必须攻下它。于是，我到图书馆把以前不爱看的物理和数学书搬回来，整天如饥似渴地学习，做各种科学小实验。后来，我居然攻读起物理学家牛顿的著作来。妈妈劝我注意身体，我就像没有听见一样。

两年后，等我再次回到学校，老师发现我和从前完全不一样了。二十二岁时，我以第一名的成绩高中毕业，代表毕业生上台演讲。当我讲到"昨日的梦想是我今日的希望，也是我明日的实践"这句话时，坐在台下的爸爸妈妈和当年跟我一起放铝气球的伙伴们都流下泪来。

几年后，我顺利拿到了硕士和博士学位，并一直保持成绩第一。我之所以这么不停地读书，全都是为了十七岁时的那个梦想——飞往火星！

延伸阅读

被埋没的天才

20世纪40年代，当第二次世界大战的战火席卷全球的时候，戈达德多次给美国军政要员写信，建议他们对火箭武器引起足够的重视。可是美国军方不愿意把钱花在火箭的基础研究上,他们更感兴趣的是那些能够马上就拿出来用的战术武器。因此,戈达德的信件一次又一次地如同泥牛入海。

戈达德在美国没有受到重视,在德国却有一批人对他的观点很感兴趣。那些德国科学家受到戈达德观点的启发,研制成了V-2火箭,并在战争中发挥了威力。

第二次世界大战结束后,美国科学家向德国科学家请教火箭制造的技术。德国科学家诧异地问:"你们不知道戈达德吗?我们参考了他的原理研究制造了火箭。他可以说是我们的老师。"

美国科学家无比震惊。当他们再去寻找戈达德时,一切都晚了。戈达德已经在1945年8月10日离开了人世,终年63岁。